別冊 NBL / No.176

仲裁法等の改正に関する中間試案

商事法務　編

 株式会社　商事法務

N L B

は し が き

　法務大臣の諮問機関である法制審議会の仲裁法制部会（部会長：山本和彦・一橋大学大学院教授）では，令和２年10月から，仲裁法等の見直しに関する調査審議が行われている。

　同部会は，令和３年３月５日に開催された第６回会議において，「仲裁法等の改正に関する中間試案」を取りまとめた。この中間試案は，同年３月19日，事務当局である法務省民事局参事官室の責任において作成された「仲裁法等の改正に関する中間試案の補足説明」とともに公表され，広く国民一般の意見を求めるため，同年５月７日までパブリック・コメントの手続が実施される。

　そこで，本書では，公表されたこれらの「仲裁法等の改正に関する中間試案」及び「仲裁法等の改正に関する中間試案の補足説明」を中間試案の概要の紹介や参考資料とともに一冊にまとめることとした。

　本書が，上記中間試案の内容をより多くの方に理解いただく契機の一つとなれば幸いである。

　令和３年４月

　　　　　　　　　　　　　　　　　　　　　　　　　　　　商事法務

目　次

「仲裁法等の改正に関する中間試案」について

編集部

I 中間試案の公表に至る経緯

　法務大臣の諮問機関である法制審議会に設置された仲裁法制部会（部会長：山本和彦一橋大学大学院教授）は，令和2年10月に仲裁法等の見直しについて調査審議を開始し，令和3年3月5日の第6回会議において，「仲裁法等の改正に関する中間試案」（以下「中間試案」という。）を取りまとめた。これを受けて，事務当局である法務省民事局参事官室は，同月19日，中間試案につきパブリック・コメントの手続を実施し，関係各界に対して意見照会を行っている。

II 中間試案の概要

第1 仲裁法の見直し

1 基本的な視点（「仲裁法等の改正に関する中間試案の補足説明」（以下「補足説明」という。）3頁以下）

(1) 国際仲裁の活性化の意義

　国際仲裁は，国際的な商事紛争の解決手段としてグローバル・スタンダードとなっているが，諸外国との比較において，我が国の国際仲裁の利用件数は低調である[1]。そのため，国際仲裁の活性化は，政府全体で取り組む重要課題と位置付けられており，内閣官房に設置された「国際仲裁の活性化に向けた関係府省連絡会議」において，平成30年4月，「国際仲裁の活性化に向けて考えられる施策」（中間とりまとめ）が取りまとめられた。その中では，当事者が仲裁地を選択する際，その国の法制度の在り方は重大な関心事で

あり，最新の国際水準に見合った法制度を備えていることは国際仲裁の活性化の重要な要素となるとして，仲裁法の見直しの要否を検討すべきであるとの指摘がされている。

(2) 検討の方向性

我が国の仲裁法（平成15年法律第138号）は，国際連合国際商取引法委員会（UNCITRAL）が策定した国際商事仲裁モデル法に準拠して平成15年に整備されたものである。平成18年に上記モデル法が一部改正され（以下，同改正後のものを「改正モデル法」という。）[2]，暫定保全措置の承認及び執行等に関する規律が設けられたが，我が国の仲裁法では，これに対応する規律は整備されていない。そこで，中間試案では，改正モデル法に対応し，最新の国際水準に見合った法制度を整備するとの観点から，我が国の仲裁法を見直すことが相当であるとされている。

また，仲裁手続は，原則として，仲裁廷により行われるものであるが，仲裁人の選任の補助や，仲裁判断の取消し及び執行決定の申立てに係る事件など，仲裁手続に関して裁判所が行う手続（以下「仲裁関係事件手続」という。）も予定されている。そこで，中間試案では，国際仲裁の活性化の観点から，仲裁関係事件手続について，手続の迅速化や当事者の負担軽減を図るため，管轄，移送及び外国語資料の訳文添付に関する規律を見直すことが相当であるとされている。

2 暫定保全措置に関する規律

(1) 暫定保全措置の定義（類型）及び発令要件（補足説明4頁以下）

暫定保全措置とは，仲裁判断があるまでの間，仲裁廷が当事者に対して一時的に一定の措置を講ずることを命ずる旨の命令を指す。暫定保全措置の例として，一方当事者が支払に充てる財産を隠匿するおそれがある場合に，その当事者の財産を保全する措置を命ずる旨の命令や，仲裁手続に付された紛争の解決のために必要な証拠の保全を命ずる旨の命令等があるとされている。

もっとも，仲裁法第24条第1項の規定からは，仲裁廷がどのような場合にどのような内容の暫定保全措置を発することができるかは明らかではなく，その判断は仲裁廷の裁量に委ねられている。そこで，関係者の予測可能性を確保するとの観点から，改正モデル法の規律に従い，暫定保全措置の定義（類型）及びその発令要件を明文で定めることが提案されている。

---

[1] 例えば，海外の代表的な国際仲裁機関である国際商業会議所（ICC）における令和元年の受理件数は，国際仲裁と国内仲裁とを合わせて869件，シンガポール国際仲裁センター（SIAC）における同年の受理件数は，国際仲裁と国内仲裁とを合わせて479件である。これに対し，日本の代表的な国際仲裁機関である日本商事仲裁協会（JCAA）における令和2年の受理件数は，国際仲裁と国内仲裁とを合わせて18件であり，直近10年をみても，毎年10件から25件程度で推移している。以上につき，補足説明3頁参照。

[2] 外国法制等の状況をみると，令和3年2月現在，モデル法に準拠した法制を採用している国が85か国（州等を含めると合計118）であり，このうち改正モデル法に対応しているとされている国が22か国（州等を含めると合計36）である。補足説明4頁参照。

⑵　暫定保全措置の担保（補足説明10頁）

　仲裁法第24条第２項は，改正前のモデル法の規律に倣い，暫定保全措置の発令に際し，「いずれの当事者に対しても」担保の提供を命ずることができる旨を定める。

　しかしながら，改正モデル法では，「暫定保全措置を申し立てた当事者に対し」てのみ，担保の提供を命ずることができる旨の規律に改められたことから，仲裁法第24条第２項をこれに対応した規律に改めることが提案されている。

⑶　暫定保全措置の変更等及び事情変更の開示（補足説明11頁以下）

　改正モデル法は，仲裁廷に，当事者の申立てにより又は職権で，暫定保全措置の取消し，変更及びその効力の停止（以下「変更等」という。）をする権限を認める旨の規律を設けている。また，改正モデル法は，仲裁廷が，職権で暫定保全措置の変更等をするか否かを判断するため，当事者に対し，変更等の基礎となる重要な事情の変更について，開示を求めることができる旨の規律を設けている。そこで，仲裁法においても，これらに対応した規律を設けることが提案されている。

⑷　暫定保全措置に係る費用及び損害（補足説明13頁以下）

　改正モデル法は，仲裁廷に，不当に発令された暫定保全措置によって生じた費用及び損害の賠償を，当事者に対して命ずる権限を認める旨の規律を設けている。この規律の趣旨は，仲裁手続において上記費用及び損害の填補を受けられるようにするとの観点から，仲裁廷に上記費用及び損害の賠償を命ずる権限を認めるとともに，当該命令を（国際的にその執行が認められる）仲裁判断の形式で行うことができるものとする点にあるとされている。そこで，仲裁法においても，これらに対応した規律を設けることが提案されている。

⑸　暫定保全措置の承認及び執行（補足説明14頁以下）

　改正モデル法は，仲裁廷によって発令された暫定保全措置について，同法所定の承認又は執行の拒否事由がない限り，拘束力を有するものとして承認されなければならず，裁判所に対する申立てに基づき，執行されなければならない旨の規律を設けている。

　そこで，中間試案においては，承認について，仲裁判断の承認に関する仲裁法第45条に倣い，承認拒否事由がない限り，裁判所の決定等を要さずに，暫定保全措置がその効力を有するものとする規律を設けることが提案されている。

　そして，執行については，仲裁判断の執行決定に関する仲裁法第46条に倣い，執行拒否事由がない限り，裁判所の執行決定（暫定保全措置に基づく民事執行を許す旨の決定）に基づき，その執行を許すとの規律や，執行決定を求める申立ての手続に関する所要の規律を設けることが提案されている。なお，暫定保全措置に基づく民事執行（民事執行法第１条参照）は，同法第172条所定の間接強制の方法等により行うことが想定されている。

3　仲裁合意の書面性に関する規律（補足説明26頁以下）

　我が国の仲裁法第13条第２項は，仲裁合意（同法第２条第１項）は，書面によってし

なければならない旨（以下「書面要件」という。）を定める。その上で，同法第13条第2項から第5項までの規定により，書面要件は一定程度緩和されており，例えば，仲裁合意がその内容を記録した電磁的記録によってされたときは，書面要件を満たすものとされている（同条第4項）。しかしながら，例えば，口頭で仲裁合意が成立したことを音声によって記録した場合に書面要件を満たすか否かについては，解釈に委ねられている。

これに対し，改正モデル法は，書面要件を維持しつつ，その内容を大幅に緩和するオプションⅠと，書面要件を撤廃するオプションⅡの二つを提示している。オプションⅠは，外国仲裁判断の承認及び執行に関する条約（ニューヨーク条約）との整合性を図る観点から，書面要件は維持しつつ，「仲裁合意は，その内容が何らかの方式で記録されているときは，仲裁合意又は契約が口頭，行為又はその他の方法により締結されたとしても，書面によるものとする」との規律を設けている。

そこで，仲裁法においても，改正モデル法オプションⅠに対応した規律を設けることが提案されている。具体的には，仲裁法第13条第2項を「仲裁合意は，書面によってしなければならない」との規律に改めるとともに，仲裁法第13条第3項として，仲裁合意の内容が何らかの方式で記録されているときには，書面要件を満たすものとするとの規律を設けることが提案されている。

4 仲裁関係事件手続に関する規律 （補足説明27頁以下）

⑴ 管轄及び移送

仲裁関係事件手続において，国際商事仲裁のような専門技術性の高い事件を念頭に，外国語資料の訳文添付の省略（後記⑵）を認めるなど，裁判所における専門的な事件処理態勢を構築し，手続の一層の適正化及び迅速化を可能とする観点から，東京地方裁判所又は大阪地方裁判所にも競合管轄を認める旨の規律を設けることなどが提案されている。

また，前記の競合管轄の規律を設けるのであれば，とりわけ国際性を有しない仲裁関係事件手続につき，被申立人の管轄の利益を害するおそれが生じ得ることなどを踏まえ，裁判所の裁量に基づく管轄裁判所間での移送を可能とする規律を設けることが提案されている。

⑵ 外国語資料の訳文添付の省略

仲裁手続については，我が国を仲裁地とするものであっても，日本語以外の言語（とりわけ英語）を使用する例が多いところ，我が国の裁判所が関与する仲裁関係事件手続において訳文の添付が必要とされると，その翻訳のために時間と費用を要し，手続の迅速な進行を妨げるおそれがあるとされている。そこで，当事者の負担軽減を図り，もって我が国における国際仲裁の活性化を図る観点から，一定の場合に外国語資料の訳文添付の省略を認めるとの規律を設けることが提案されている。

具体的には，仲裁判断及び暫定保全措置の執行決定を求める申立てにおいて，仲裁判断書又は暫定保全措置の命令書の全部又は一部につき，裁判所が相当と認めるときは，その訳文添付の省略を認めることや，仲裁関係事件手続一般において，外国語で作成さ

れた書証につき，裁判所が相当と認めるときは，その訳文添付の省略を認めることが提案されている。

第2 調停による和解合意の執行決定等に関する規律の創設

1 基本的な視点 (補足説明38頁以下)

⑴ 調停の活性化の意義

近年，国際仲裁の複雑化，長期化を背景として，国際的な商事紛争の解決手段として国際調停が世界的に注目を集めており，手続的にも仲裁と調停（以下，単に「調停」というときは，特に断りのない限り，裁判外で行われる調停を指す。）の相互利用が図られている。このような流れの中で，国際調停の一層の利用促進のためには，仲裁判断と同様，調停による和解合意に執行力を付与する必要があるとして，平成30年12月20日，国際連合総会において，「調停による国際的な和解合意に関する国際連合条約（仮訳）」（以下「シンガポール条約」という。）が採択された[3]。同条約は，商事紛争に関する調停により成立した当事者間の国際的な和解合意について，一定の要件を満たす場合に執行力を付与するなどの規律を設けるものである。

他方，我が国においては，調停による和解合意に対する執行力の付与について，主として，裁判外紛争解決手続の利用の促進に関する法律（平成16年法律第151号。以下「ADR法」という。）の制定時及び見直し時に議論がされたものの，最終的には，今後も検討を続けるべき将来の課題とするものとされていた。そうした中，令和2年7月に閣議決定された「成長戦略フォローアップ」において，「オンラインでの紛争解決（ODR）の推進に向けて，民間の裁判外紛争解決手続（ADR）に関する紛争解決手続における和解合意への執行力の付与……等の認証制度の見直しの要否を含めた検討……を2020年度中に進める」こととされた。

⑵ 検討の方向性

調停の実効性を確保し，国際調停の活性化を図ることは国際仲裁の活性化に資するものと考えられることから，仲裁法制部会では，調停による和解合意に対する執行力の付与についても調査審議の対象とされ，調停による和解合意に執行力を付与することの必要性及び許容性のほか，国内法制における議論の際に指摘された課題等，国内法制との整合性も含めた検討が行われた。そして，前記のとおり，シンガポール条約が発効したことに照らし，我が国においても将来的に同条約を締結する可能性を視野に入れて，同条約の規律との整合性に配慮して国内法制を整備する必要があるとの考え方から[4]，中間試案では，同条約の規律を参考に，一定の紛争に関する和解合意を適用対象から除外した

3　令和2年9月12日に発効。同日現在の署名国は米国や中国など53か国，うち締約国はシンガポールなど6か国である。なお，我が国はいまだ締結していない。

4　仲裁法制部会では，シンガポール条約の締結の是非そのものについては，議論の対象とされていない。

上，類型的に和解合意の真正性に疑義が生じる事由を執行拒否事由として設定し，裁判所における執行決定手続によって執行力を付与する規律を設けることが提案されている。

2　規律の具体的な内容

(1)　調停の定義（補足説明40頁以下）

執行力を付与し得るものとする和解合意は，当事者に対して紛争の解決を強制する権限を有しない第三者（以下「調停人」という。）が関与した調停により成立したものであることが想定されており[5]，シンガポール条約の規律に倣い，調停の定義に関する規律を設けることが提案されている。なお，シンガポール条約は，調停人の資格に何ら制限を設けておらず，同条約との整合性の観点から，中間試案においても，調停人の資格には制限を設けないことが想定されている。

(2)　適用範囲

①　国際性（補足説明42頁以下）

中間試案では，執行力を付与し得る和解合意の範囲について，以下のとおり，「国際性」の要件を設けるか否かの観点から，以下に挙げる複数の案が提示されている。

我が国の現行法上，調停による和解合意に執行力を付与し得る規律はなく，代替手段として，執行証書（民事執行法第22条第5号），即決和解（民事訴訟法第275条）等が利用されている。国際的な性質を有する和解合意が締結されるような事案については，これらの代替手段を利用することは容易ではなく，和解合意の内容が任意に履行されなかった場合に改めて提訴することの負担も大きいことから，国内の事案と比較して，執行力を付与する必要性が高いと考えられる。また，シンガポール条約の適用対象である国際商事の分野において調停が実施される場面では，多くの場合，一定額以上の商取引に関する紛争について，当事者双方に法曹有資格者等の専門家が手続代理人として選任され，そのような当事者が慎重かつ十分な検討をした上で和解合意に至る蓋然性が高く，執行力を付与することにより懸念される弊害が類型的に小さいと考えられる。これらを踏まえ，国際的な性質を有する和解合意に限定して執行力を付与し得るものとするとの考え方がある（中間試案の【甲案】）。

他方，国内の事案についても，前記のような代替手段を利用することが困難な場面もあり得ることや，長期の分割払いを内容とする和解合意をしやすくなるなど紛争解決の選択肢を広げることが可能となることから，調停による和解合意に執行力を付与する必要性が高いとも考えられる。また，そもそも，調停による和解合意に執行力を付与することの正当化根拠を当事者間の合意に求めるとするならば，国際的な性質の有無により執行力を付与し得るものとするか否かの区別を設けることは合理的ではないと考えられ

---

[5] 和解合意に執行力を付与し得るものとするためには，当該和解合意に実体的正当性及び手続的正当性が認められる必要性があるところ，既存の債務名義との関係では，第三者の関与が手続的正当性を確保するための最低限の制度的保障となっていると考えられる。

る。そうすると，国際的な性質を有する和解合意に限定するのではなく，国内の事案についても，調停による和解合意に執行力を付与し得るものとすべきという考え方がある（中間試案の【乙1案】）。

　もっとも，国内の事案については，紛争の類型や当事者の特性等に様々なものが含まれることが想定され，調停の実情も調停機関や調停人によって大きく異なることから，一律に執行力を付与し得る対象とすることは弊害が大きいとも考えられる。このような事実認識を前提に，国内の事案については，執行力を付与し得る対象を，認証紛争解決手続により成立した和解合意など一定の範囲に限定すべきとの考え方もある（中間試案の【乙2案】）。なお，【乙2案】は，国際的な性質を有しない和解合意につき，対象となる和解合意の範囲に一定の制限を設けるというものであり，その一例として，認証紛争解決手続により成立した和解合意に限定しているが，その範囲について他の規律を設けることは排除されていない。

　② 　紛争類型（補足説明50頁以下）

　調停による和解合意に執行力を付与し得るものとするためには，当該和解合意が当事者の真意に基づくものである必要があるところ，消費者と事業者との間の契約に関する民事上の紛争（以下「消費者紛争」という。）や個別労働関係紛争は，当事者間の潜在的な力の不均衡等が想定され，一般的に，当事者の真意に基づかない和解合意が成立するおそれが高くなることから，中間試案では，これらの紛争に関する調停により成立した和解合意については適用除外とすることが提案されている。

　また，人事に関する紛争その他家庭に関する紛争（以下「家事紛争」という。）については，公益性，後見性を有する紛争類型であることから，当事者間の合意のみを根拠に執行力を付与し得るものとしてよいか問題となり得ることや，具体的事案によっては当事者間に力の不均衡等が生じた状態で和解合意がされるおそれがあることから，中間試案では，家事紛争に関する調停により成立した和解合意についても適用除外とすることが提案されている。

　ただし，消費者紛争及び家事紛争については，一定の範囲又は要件の下，執行力を付与し得る対象とすべきであるとの考え方もあり，引き続き仲裁法制部会において検討がされるようである。

　③ 　裁判上の和解等の除外（補足説明56頁以下）

　我が国の裁判所での手続又は仲裁手続(仲裁地が日本国内にあるかどうかを問わない。)における当事者間の和解ないし合意は，既存の枠組みの下で,これに基づく強制執行をすることができるものであり，今般の新たな枠組みの対象とする必要がないものである。そこで,中間試案では，裁判上の和解（これと同一の効力を有するものを含む。）や仲裁判断としての効力を有する和解合意について，適用除外とする規律を設けることが提案されている。

　(3) 　和解合意に基づく民事執行の合意（補足説明53頁以下）

　調停による和解合意に執行力を付与することの正当化根拠を当事者間の合意に求める

とするならば，当事者において，紛争解決の手段として調停によることを選択し，その手続により終局的に紛争を解決する旨の合意，すなわち和解合意の内容そのもののみならず，当該和解合意に基づく民事執行を受け入れることについても当事者の明示的かつ積極的な意思にかからしめることで，より正当性を確保することができるものと考えられる。このような考え方を踏まえ，中間試案では，当事者が和解合意に基づく民事執行に合意していると認められる場合に限り執行力を付与し得るものとする規律を設けることが提案されている。

(4) 書面性（補足説明58頁以下）

調停による和解合意に基づく民事執行を許すに当たっては，当該和解合意の内容が明確になっている必要があることから，中間試案では，書面性の要件を設けることが提案されている。また，電磁的記録等により和解合意の内容が記録されている場合にも書面性を満たすとするなど，書面性の要件を緩和する規律も併せて設けることが提案されている。これらの点については，仲裁合意の書面性に関する規律（**第1の3**参照）と同様の規律を設けることが想定されている。

(5) 和解合意の執行決定（補足説明60頁以下）

調停による和解合意が当事者の真意に基づくものと評価することができない場合には，当該和解合意に基づく民事執行を許すべきではないと考えられる。また，民事執行は国家機関が強制的に権利を実現することを意味することに鑑み，調停による和解合意の内容及びその成立に至る手続に照らし，我が国における民事執行を認めることが相当でないと認められる場合には，その民事執行を許すべきではないと考えられる。そこで，中間試案では，調停による和解合意に基づく民事執行を許すべきでない事由の有無について，裁判所の審査に委ねることが相当であるとして，その民事執行を許すためには，裁判所による執行決定を要するとの規律を設けることが提案されている。

具体的な規律の内容については，シンガポール条約の規律や仲裁判断の執行決定の規律（仲裁法第45条及び第46条）に倣ったものとすることが想定されている。裁判所が和解合意に基づく民事執行を拒否することができる事由として，例えば，①和解合意が無効であること，②和解合意に基づく民事執行が当該和解合意の文言に反すること，③調停人が公正性等に疑いを生じさせるおそれのある事実を当事者に開示せず，当該不開示による重大又は不当な影響がなければ当事者が当該和解合意をするに至らなかったこと，④和解合意に基づく民事執行が，日本における公の秩序又は善良の風俗に反することなどの規律を設けることが提案されている。

第3　民事調停事件の管轄に関する規律の見直し（補足説明70頁以下）

1　基本的な視点

近時，東京地方裁判所及び大阪地方裁判所の知財専門部において，いわゆる知財調停

の運用が開始された[6]。知財調停は，知的財産に関する紛争について，簡易，迅速，非公開かつ友好的な手続で解決を図りたいという利用者のニーズに応えるものとして注目されている。

　もっとも，現行法上，民事一般調停の管轄は，当事者間の管轄合意がある場合を除き，相手方の住所地等を管轄する簡易裁判所にしか認められていない（民事調停法第3条）。そのため，上記の知財調停も，当事者間の管轄合意がある場合に限って利用されている。

　そこで，知財調停の手続モデルの拡充を図る観点から，東京地方裁判所又は大阪地方裁判所に競合管轄を認めるなど，当事者間の管轄合意がない場合にも知財調停を利用できるようにするための規律を設ける必要がある。

2　規律の具体的な内容

　中間試案では，知的財産の紛争に関する調停事件[7]に関し，民事調停法第3条に規定する裁判所のほか，相手方の住所地等に応じて，東京地方裁判所又は大阪地方裁判所に競合管轄を認めるとの規律を設けることが提案されている。

　なお，知的財産の紛争以外の紛争に関する調停事件の管轄等については，引き続き検討することとされている。中間試案においては，専門的な知見を要する事件を処理するために特に必要があると認められるときは，東京地方裁判所又は大阪地方裁判所に事件を移送することができるとの規律や，東京地方裁判所又は大阪地方裁判所において事件を自ら処理することができるとの規律を設けるとの考え方が示されている。

Ⅲ　中間試案に対する意見募集について

　中間試案は，e-Govのホームページにおいて公表されており，令和3年3月19日から同年5月7日までの間，広く国民一般からの意見を募集するため，パブリック・コメントの手続が実施されている。中間試案に対する意見は，e-Govのホームページの意見提出フォームによる方法のほか，電子メール（minji225@i.moj.go.jp），郵送（〒100-8977 東京都千代田区霞が関一丁目1番1号）又はファクシミリ（03-3592-7039）の方法により法務省に提出することができるとされている。

　仲裁法制部会においては，パブリック・コメントの手続と並行して，引き続き調査審議が行われる予定ということである。

---

[6]　知財調停については，令和元年10月1日から運用が開始され，令和2年10月末日までに，15件の申立てがあり，このうち11件が終局（そのうち7件において調停が成立）している。

[7]　特許権，実用新案権，意匠権，商標権，回路配置利用権，著作者の権利，出版権，著作隣接権若しくは育成者権に関する紛争又は不正競争による営業上の利益の侵害に係る紛争等が想定され得るとされている。

仲裁法制の見直しに関する検討

令和3年3月
法務省民事局

検討状況

国際仲裁の活性化等の観点から，**仲裁法制の見直し**について検討中
　令和2年10月，**法制審議会（仲裁法制部会）**にて調査審議開始
　　⇨　令和3年3月，**中間試案の取りまとめ**

中間試案の概要

仲裁法の見直し

暫定保全措置に関する規律

　我が国の仲裁法が準拠するUNCITRAL（国連国際商取引法委員会）国際商事仲裁モデル法が改正されたことを踏まえ，暫定保全措置の定義（類型），発令要件，暫定保全措置の承認及び執行等について，**改正モデル法に準拠した規律を整備**

仲裁合意の書面性に関する規律

　仲裁合意の書面性の要件を緩和した**改正モデル法の規律に完全に準拠**

仲裁関係事件手続に関する規律

　裁判所で行われる仲裁関係事件手続（仲裁判断の取消し，執行決定の手続等）について，**東京地裁・大阪地裁に競合管轄**を認め，一定の場合に**外国語資料の訳文添付の省略**を認める

調停による和解合意に執行力を付与し得る制度の創設

国際仲裁と共に国際調停を活性化する観点から，UNCITRALのシンガポール条約を参考に，裁判外で行われる調停による和解合意について，公序に反しないこと等，一定の要件の下，**裁判所の決定により，執行力を付与し得る制度**を構想

対象となる和解合意

　（甲案）**国際的な事案における和解合意のみ**を対象とする
　（乙案）国際的な事案における和解合意に限定せず，**国内の事案も対象**とする
　　（乙1案）国内の事案の全部を対象とする
　　（乙2案）国内の事案については，一定の要件を満たす場合のみを対象とする
　　　　　　（例：認証ADRにおける和解合意）

対象となる紛争類型

　当事者が和解をすることができる**民事上の紛争**を対象とする
　ただし，シンガポール条約に倣い，消費者紛争，個別労働関係紛争，家事紛争は対象外
　（もっとも，一定の範囲又は要件の下で対象に加えることについては，引き続き検討）

民事調停事件の管轄の見直し

裁判所で行われる民事調停手続について，知財調停のより一層の活用を図るため，知的財産の紛争に関し，**東京地裁・大阪地裁に競合管轄**を認める
　（専門的知見を要するその他の紛争の管轄等についても引き続き検討）

（法務省ホームページ掲載資料を元に作成）

現行の仲裁法制の概観

仲裁手続の流れ

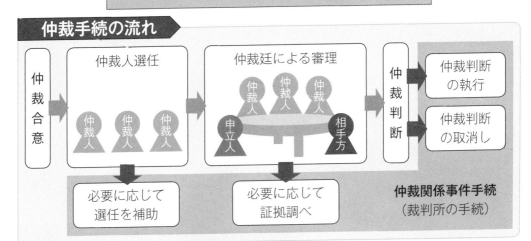

- 必要に応じて選任を補助
- 必要に応じて証拠調べ
- 仲裁関係事件手続（裁判所の手続）

暫定保全措置のイメージと課題

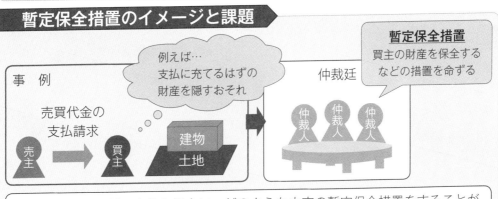

暫定保全措置
買主の財産を保全するなどの措置を命ずる

- 現行法上，どのような場合に，どのような内容の暫定保全措置をすることができるかについては明文の規定がなく，全て仲裁廷の判断に委ねられている
- 暫定保全措置については，裁判所による強制的な実現の手続がない

仲裁と調停の比較

仲裁

- 民事上の紛争について，当事者が選任した**仲裁人の判断に解決を委ねる手続**
- **ニューヨーク条約**（外国仲裁判断の承認及び執行に関する条約）により160か国以上で執行可能

（民間）調停

- 民事上の紛争について，当事者が選任した**調停人の関与の下，当事者の合意により解決を図る手続**
- **シンガポール条約**（調停による国際的な和解合意に関する国際連合条約）の採択・発効による関心の高まり

- 近時，世界的に国際調停の利用が進み，手続的にも国際仲裁と国際調停の相互利用が図られており，相互の連携の重要性が指摘されている
- 現行法上，（裁判外で行われる）調停による和解合意に基づく強制執行は不可[※]
- ※ 仲裁判断については，裁判所の執行決定を得ることにより強制執行が可能となる

仲裁法等の改正に関する中間試案

目　次

【凡　　例】

改正モデル法　　　：２００６年改正後のＵＮＣＩＴＲＡＬ国際商事仲裁モデル法
シンガポール条約：調停による国際的な和解合意に関する国際連合条約（仮訳）

（注）改正モデル法の訳文は，第３６条第１項以外の規定については，三木浩一委員
　　　による改正条項の仮訳（三木浩一「ＵＮＣＩＴＲＡＬ国際商事仲裁モデル法２
　　　００６年改正の概要（上）」ＪＣＡジャーナル５４巻６号（平成１９年）２～１４
　　　頁）に，第３６条第１項の規定については，中村達也訳「３．ＵＮＣＩＴＲＡＬ
　　　国際商事仲裁モデル法（１９８５年）２００６年改正版」ＵＮＣＩＴＲＡＬアジ
　　　ア太平洋地域センター（ＵＮＣＩＴＲＡＬ－ＲＣＡＰ）グローバル私法フォーラ
　　　ム（ＧＰＬＦ）編『これからの国際商取引法―ＵＮＣＩＴＲＡＬ作成文書の条文
　　　対訳』（商事法務，平成２８年）４５～４６頁による。
　　　　シンガポール条約の訳文は，山田文委員による仮訳による。

第 1 部　仲裁法の見直し

第 1　暫定保全措置に関する規律

1　暫定保全措置の定義（類型）

⑴　仲裁法第２４条第１項を，次のように改める。

　　仲裁廷は，当事者間に別段の合意がない限り，その一方の申立てにより，いずれの当事者に対しても，暫定措置又は保全措置を発することができる。

⑵　仲裁法第２４条第１項に規定する暫定措置又は保全措置とは，仲裁判断があるまでの間，仲裁廷が当事者に対して一時的に次の各号に掲げる措置を講ずることを命ずるものをいう。

① 　仲裁手続に付された民事上の紛争の対象の現状を変更しない措置又はその現状が変更されたときはこれを原状に回復する措置

② 　現に生じ若しくは急迫した損害若しくは仲裁手続の円滑な進行の妨害を防止する措置又はこれらの損害若しくは妨害を生じさせるおそれのある行為をやめる措置

③ 　仲裁判断を実現するために必要な財産を保全する措置

④ 　仲裁手続に付された民事上の紛争の解決のために必要な証拠を保全する措置

（参考）改正モデル法第１７条

1　当事者間に別段の合意がない限り，仲裁廷は，当事者の申立てにより，暫定保全措置を認めることができる。

2　暫定保全措置とは，仲裁判断の形式によるか又はその他の形式によるかを問わず，あらゆる一時的な措置であって，紛争についての終局的な判断である仲裁判断を下す前の時点において，仲裁廷が，当事者に以下に掲げる措置を命じるものをいう。

(a)　紛争を解決するまで現状を維持し又は現状を回復する措置

(b)　現在の若しくは切迫した損害又は仲裁手続に対する妨害を防止するための措置，又はそれらの原因となる虞のある行為を差し控えさせるための措置

(c)　将来の仲裁判断を実現するために必要な資産の保全手段を提供する措置

(d)　紛争の解決に関連しかつ重要である可能性のある証拠を保存する措置

2　暫定保全措置の発令要件

⑴　前記 1 ⑵①から③までの規定に基づく暫定措置又は保全措置の申立てをするときは，次の各号に掲げる事項を証明しなければならない。

① 　申立人に生ずる著しい損害を避けるため当該暫定措置又は保全措置を必要とすること。

② 　本案について理由があるとみえること。

⑵　前記1⑵④の規定に基づく暫定措置又は保全措置の申立てについては，前記⑴各号の規定は，適用しない。

（参考）改正モデル法第１７Ａ条
1　第１７条第２項(a)，(b)及び(c)に基づく暫定保全措置を申し立てる当事者は，次に掲げる事項を仲裁廷に証明しなければならない。
　(a)　暫定保全措置が発令されなければ，損害賠償を命じる仲裁判断によっては十分に償えない損害が生じる可能性が大きく，かつ，その損害が当該措置が認められた場合に措置の対象となる当事者に生じうる損害を実質的に上回ること，及び，
　(b)　申立人が，請求事件の本案において勝利する合理的な見込みがあること。ただし，この見込みに関する決定は，仲裁廷がその後に決定を行うに際しての裁量判断には影響を与えない。
2　第１７条第２項(d)に基づく暫定保全措置の申立てについては，本条第１項(a)及び(b)の要件は，仲裁廷が適当と判断する場合にのみ適用される。

3　暫定保全措置の担保

仲裁法第２４条第２項を，次のように改める。

仲裁廷は，暫定措置又は保全措置の申立てをした当事者に対し，前項の暫定措置又は保全措置を発するについて，相当な担保を提供すべきことを命ずることができる。

（参考）改正モデル法第１７Ｅ条第１項
　仲裁廷は，暫定保全措置を申し立てた当事者に対し，同措置に伴う適切な担保の提供を求めることができる。

4　予備保全命令

予備保全命令については，特に規律を設けないものとする。

5　暫定保全措置の変更等

仲裁廷は，当事者の申立てにより，仲裁法第２４条第１項の規定により発した暫定措置又は保全措置を取り消し，変更し又はその効力を停止することができる。ただし，仲裁廷は，特別の事情があると認めるときは，当事者にあらかじめ通知した上で，職権で，暫定措置又は保全措置を取り消し，変更し又はその効力を停止することができる。

（参考）改正モデル法第１７Ｄ条
　仲裁廷は，当事者の申立てに基づき，又は例外的な状況下で当事者に事前の通知をした場合には職権により，自らが認めた暫定保全措置又は予備保全命令を，変更し，停止し又は終了さ

せることができる。

6　事情変更の開示

仲裁廷は，いずれの当事者に対しても，暫定措置若しくは保全措置又はその申立ての基礎となった事実に係る重要な変更について，その速やかな開示を求めることができる。

(参考) 改正モデル法第17F条第1項

仲裁廷は，すべての当事者に対し，暫定保全措置が申し立てられ又は認められた基礎に関連するあらゆる重要な事情の変更を，速やかに開示するよう求めることができる。

7　暫定保全措置に係る費用及び損害

(1)　暫定措置又は保全措置をした後において，その要件を欠くことが判明したときは，仲裁廷は，いつでも，暫定措置又は保全措置の申立てをした当事者に対し，当該措置によって他の当事者に生じた全ての費用及び損害の賠償を命ずることができる。

(2)　前記(1)の命令は，仲裁判断としての効力を有する。

(参考) 改正モデル法第17G条

暫定保全措置又は予備保全命令を申し立てた当事者は，仲裁廷が，事情に照らして当該措置または当該命令は認められるべきではなかったと事後に判断したときは，当該措置又は当該命令によっていかなる当事者に対して生じたいかなる費用及び損害であれ，これについて責任を負う。仲裁廷は，仲裁手続におけるいかなる時点においても，かかる費用及び損害の賠償を命じることができる。

8　暫定保全措置の承認及び執行

(1)ア　暫定措置又は保全措置（仲裁地が日本国内にあるかどうかを問わない。以下，この(1)及び(2)において同じ。）は，その効力を有する。ただし，当該暫定措置又は保全措置に基づく民事執行をするには，後記(2)による執行決定がなければならない。

イ　前記アの規定は，次に掲げる事由のいずれかがある場合（①から⑧までに掲げる事由にあっては，当事者のいずれかが当該事由の存在を証明した場合に限る。）には，適用しない。

①　仲裁合意が，当事者の行為能力の制限により，その効力を有しないこと。

②　仲裁合意が，当事者が合意により仲裁合意に適用すべきものとして指

定した法令（当該指定がないときは，仲裁地が属する国の法令）によれば，当事者の行為能力の制限以外の事由により，その効力を有しないこと。

③　当事者が，仲裁人の選任手続又は仲裁手続（暫定措置又は保全措置に関する部分に限る。以下④及び⑥において同じ。）において，仲裁地が属する国の法令の規定（その法令の公の秩序に関しない規定に関する事項について当事者間に合意があるときは，当該合意）により必要とされる通知を受けなかったこと。

④　当事者が，仲裁手続において防御することが不可能であったこと。

⑤　暫定措置又は保全措置が，仲裁合意若しくは当事者間の別段の合意又は暫定措置若しくは保全措置の申立ての範囲を超えて発せられたものであること。

⑥　仲裁廷の構成又は仲裁手続が，仲裁地が属する国の法令の規定（その法令の公の秩序に関しない規定に関する事項について当事者間に合意があるときは，当該合意）に違反するものであったこと。

⑦　仲裁廷が暫定措置又は保全措置の申立てをした当事者に対して相当な担保を提供すべきことを命じた場合において，その者が当該命令に違反したこと。

⑧　暫定措置又は保全措置が仲裁廷（仲裁地が属する国（当該暫定措置若しくは保全措置に適用された法令が仲裁地が属する国以外の国の法令である場合にあっては，当該国）の法令によりその権限を有する場合には，当該国の裁判所）により取り消され，又はその効力を停止されたこと。

⑨　暫定措置又は保全措置が日本の法令によって執行することができないものであること。（注）

⑩　仲裁手続における申立てが，日本の法令によれば，仲裁合意の対象とすることができない紛争に関するものであること。

⑪　暫定措置又は保全措置の内容が，日本における公の秩序又は善良の風俗に反すること。

ウ　前記イ⑤に掲げる事由がある場合において，当該暫定措置又は保全措置から同⑤に規定する事項に関する部分を区分することができるときは，当該部分及び当該暫定措置又は保全措置のその他の部分をそれぞれ独立した暫定措置又は保全措置とみなして，前記イの規定を適用する。

⑵ア　暫定措置又は保全措置に基づいて民事執行をしようとする当事者は，債務者を被申立人として，裁判所に対し，執行決定（暫定措置又は保全措置に基づく民事執行を許す旨の決定をいう。）を求める申立てをすることが

できる。

イ　前記アの申立てをするときは，暫定措置又は保全措置の命令書の写し，当該写しの内容が暫定措置又は保全措置の命令書と同一であることを証明する文書及び暫定措置又は保全措置の命令書（日本語で作成されたものを除く。）の日本語による翻訳文を提出しなければならない。ただし，裁判所は，相当と認めるときは，当事者の意見を聴いて，暫定措置又は保全措置の命令書の全部又は一部について日本語による翻訳文の提出を要しないものとすることができる。

ウ　前記アの申立てを受けた裁判所は，暫定措置又は保全措置の取消し，変更又はその効力の停止を求める申立てがあったことを知った場合において，必要があると認めるときは，前記アの申立てに係る手続を中止することができる。この場合において，裁判所は，前記アの申立てをした者の申立てにより，他の当事者に対し，担保を立てるべきことを命ずることができる。

エ　前記アの申立てに係る事件は，仲裁法第5条第1項の規定にかかわらず，同項各号に掲げる裁判所及び請求の目的又は差し押さえることができる債務者の財産の所在地を管轄する地方裁判所の管轄に専属する。

オ　裁判所は，前記アの申立てに係る事件がその管轄に属する場合においても，相当と認めるときは，申立てにより又は職権で，当該事件の全部又は一部を他の管轄裁判所に移送することができる。

カ　前記アの申立てに係る事件についての仲裁法第5条第3項又は前記オの規定による決定に対しては，即時抗告をすることができる。

キ　裁判所は，後記ク又はケの規定により前記アの申立てを却下する場合を除き，執行決定をしなければならない。

ク　裁判所は，前記アの申立てがあった場合において，前記(1)イ各号に掲げる事由のいずれかがあると認める場合（同イ①から⑧までに掲げる事由にあっては，被申立人が当該事由の存在を証明した場合に限る。）に限り，当該申立てを却下することができる。

ケ　前記(1)イ⑤に掲げる事由がある場合において，当該暫定措置又は保全措置から同⑤に規定する事項に関する部分を区分することができるときは，当該部分及び当該暫定措置又は保全措置のその他の部分をそれぞれ独立した暫定措置又は保全措置とみなして，前記クの規定を適用する。

コ　裁判所は，口頭弁論又は当事者双方が立ち会うことができる審尋の期日を経なければ，前記アの申立てについての決定をすることができない。

サ　前記アの申立てについての決定に対しては，即時抗告をすることができる。

　　　（注）本文8(1)イ①から⑪までの規律は，いずれも暫定保全措置が効力を有しないこ
　　　　　ととなる事由で，かつ，執行決定の申立てを却下することができる事由として提
　　　　　案するものであるが，同⑨の規律については，執行決定の申立てを却下すること
　　　　　ができる事由としてのみ定めるとの考え方もある。

（参考）改正モデル法第17H条第1項，第17I条第1項及び第36条第1項
　第17H条第1項
　　　　仲裁廷によって発令された暫定保全措置は，拘束力を有するものとして承認されなければな
　　らず，仲裁廷が異なる判断をした場合を除き，それが発令された国にかかわらず，第17I条
　　の規定に従うことを条件として，管轄権を有する裁判所に対する申立てに基づいて，執行され
　　なければならない。
　第17I条第1項
　　　　暫定保全措置の承認又は執行は，次の場合に限り，拒絶することができる。
　　(a)　相手方である当事者の申立てに基づいて，裁判所に対して次の事由が証明された場合
　　(ⅰ)　当該拒絶が，第36条第1項(a)(ⅰ)，(ⅱ)，(ⅲ)若しくは(ⅳ)に規定する理由により，
　　　　　正当化されること，又は，
　　(ⅱ)　仲裁廷が発令した暫定保全措置に関する担保提供についての決定が遵守されていない
　　　　　こと，又は，
　　(ⅲ)　暫定保全措置が，仲裁廷，又は，仲裁が行われた国の裁判所若しくは当該暫定保全措
　　　　　置が認められた法が属する国の裁判所が終了若しくは停止の権限を有する場合は当該裁
　　　　　判所によって，終了又は停止させられたこと，又は，
　　(b)　裁判所が次の事由を認めた場合
　　(ⅰ)　暫定保全措置が裁判所に与えられた権限と相容れないこと。ただし，裁判所が当該暫
　　　　　定保全措置を執行するために，自らの権限及び手続に適合させるのに必要な範囲におい
　　　　　て，その実質を変更することなく，当該暫定保全措置を再構成する旨の決定をする場合
　　　　　は，この限りでない。又は，
　　(ⅱ)　第36条第1項(b)(ⅰ)又は(ⅱ)に規定する事由のいずれかが，暫定保全措置の承認及
　　　　　び執行について適用されること。
　第36条第1項
　　　　仲裁判断の承認又は執行は，それがなされた国のいかんにかかわらず，次の各号に掲げる場
　　合にのみ，拒否することができる。
　　(a)　仲裁判断が不利益に援用される当事者の申立てにより，その当事者が承認又は執行の申立
　　　　てを受けた管轄裁判所に次の事由の存在を証明した場合
　　(ⅰ)　第7条に定める仲裁合意の当事者が，制限行為能力者であったこと，又はその仲裁合
　　　　　意が，当事者がその準拠法として指定した法律若しくはその指定がなかったときは，仲
　　　　　裁判断がなされた国の法律により，有効でないこと，又は
　　(ⅱ)　仲裁判断が不利益に援用される当事者が，仲裁人の選任若しくは仲裁手続について適
　　　　　当な通告を受けなかったこと，又はその他の理由により防御することが不可能であった
　　　　　こと，又は
　　(ⅲ)　仲裁判断が仲裁付託の条項に定められていない紛争若しくはその条項の範囲内にない

紛争に関するものであること又は仲裁に付託された範囲を超える事項に関する判断を含むこと。但し、仲裁に付託された事項に関する判断が、付託されなかった事項に関する判断から区分することができる場合には、仲裁に付託された事項に関する判断を含む仲裁判断の部分は、承認し、かつ、執行することができる、又は

（iv）　仲裁廷の構成又は仲裁手続が、当事者の合意に従っていなかったこと、又はかかる合意がないときは、仲裁が行われた国の法律に従っていなかったこと、又は

（v）　（略）

（b）　裁判所が次のことを認めた場合

（i）　紛争の対象事項が、この国の法律により、仲裁による解決が不可能であること、又は

（ii）　仲裁判断の承認又は執行が、この国の公序に反すること。

第2　仲裁合意の書面性に関する規律

1　仲裁法第13条第2項を、次のように改める。

仲裁合意は、書面によってしなければならない。

2　仲裁法第13条第3項として、次の規定を加える。

仲裁合意は、その内容が何らかの方式で記録されているときは、仲裁合意が口頭、行為又はその他の方法により締結されたとしても、書面によってされたものとする。

（参考）改正モデル法（オプションⅠ）第7条第2項及び第3項

2　仲裁合意は、書面によらなければならない。

3　仲裁合意は、その内容が何らかの方式で記録されているときは、仲裁合意又は契約が口頭、行為又はその他の方法により締結されたとしても、書面によるものとする。

第3　仲裁関係事件手続に関する規律

1　仲裁関係事件手続における管轄

仲裁法第5条において、同条第1項及び第2項の規律に加え、次のような規律を設ける。

⑴　仲裁地が日本国内にある場合において、第1項の規定による管轄裁判所が定まらないときは、最高裁判所規則で定める地を管轄する地方裁判所の管轄に専属する。

⑵　第1項に規定する事件について、同項第3号の規定によれば次の各号に掲げる裁判所が管轄権を有する場合には、それぞれ当該各号に定める裁判所にも、その申立てをすることができる。

ア　東京高等裁判所、名古屋高等裁判所、仙台高等裁判所又は札幌高等裁判所の管轄区域内に所在する地方裁判所（東京地方裁判所を除く。）

東京地方裁判所

イ　大阪高等裁判所，広島高等裁判所，福岡高等裁判所又は高松高等裁判所の管轄区域内に所在する地方裁判所（大阪地方裁判所を除く。）

大阪地方裁判所

2　仲裁関係事件手続における移送

仲裁法第5条において，同条第3項の規律に加え，次のような規律を設ける。

（注）

裁判所は，この法律の規定により裁判所が行う手続に係る事件がその管轄に属する場合においても，相当と認めるときは，申立てにより又は職権で，当該事件の全部又は一部を第2項の規定により管轄権を有しないこととされた裁判所に移送することができる。

（注）この規律を新設する場合には，仲裁法第44条第3項及び第46条第5項を削るなど，所要の整備を行うことが考えられる。

3　仲裁関係事件手続における外国語資料の訳文添付の省略

⑴　仲裁法第46条第2項を，次のように改める。

前項の申立てをするときは，仲裁判断書の写し，当該写しの内容が仲裁判断書と同一であることを証明する文書及び仲裁判断書（日本語で作成されたものを除く。）の日本語による翻訳文を提出しなければならない。ただし，裁判所は，相当と認めるときは，当事者の意見を聴いて，仲裁判断書の全部又は一部について日本語による翻訳文の提出を要しないものとすることができる。

⑵　外国語で作成された書証の訳文添付について，次の規律を設ける。

裁判所は，外国語で作成された文書を提出して書証の申出がされた場合においても，相当と認めるときは，当事者の意見を聴いて，その文書の訳文を添付することを要しないものとすることができる。

第2部　調停による和解合意の執行決定等に関する規律の創設

1　定義

この法律（注）において，「調停」とは，その手続の名称や実施の原因にかかわらず，当事者が，一定の法律関係（契約に基づくものであるかどうかを問わない。）に関する民事上の紛争（当事者が和解をすることができるものに限る。）について，当事者に対して紛争の解決を強制する権限を有しない一人又は二人以上の第三者（以下「調停人」という。）の仲介により，和解による解決を試みる手続をいう。

（注）調停による和解合意に執行力を付与することとする場合に，その根拠となる法律を指して「この法律」と記載しているものであり，法制について予断するものでは

ない。

(参考) シンガポール条約第2条第3項
　　「調停」とは，用いられている表現や手続実施の原因を問わず，当事者が，当事者に対して紛争の解決を強制する権限を有しない単独または複数の第三者（「調停人」という）の援助を受けて，紛争の友好的な解決に至るよう試みる手続をいう。

2　適用範囲
【甲案－国際性を有する和解合意のみを適用対象とする案】
　⑴　この法律は，民事上の紛争の解決を目的とする調停において成立し，書面によってされた当事者間の合意（以下「和解合意」という。）について適用する。ただし，和解合意の成立の時において，次に掲げる事由のいずれかがあるときに限る。
　　①　当事者の全部又は一部が互いに異なる国に住所，事務所又は営業所を有するとき。
　　②　当事者の全部又は一部が住所，事務所又は営業所を有する国が，和解合意に基づく義務の重要な部分の履行地又は和解合意の対象である事項と最も密接な関係がある地と異なるとき。
　　③　当事者の全部又は一部が日本国外に住所又は主たる事務所若しくは営業所を有するとき（当事者の全部又は一部の発行済株式（議決権のあるものに限る。）又は出資の総数又は総額の百分の五十を超える数又は額の株式（議決権のあるものに限る。）又は持分を有する者その他これと同等のものとして別途定める者が日本国外に住所又は主たる事務所若しくは営業所を有するときを含む。）。
　　④　当該紛争に係る民事上の契約又は取引によって生ずる債権の成立及び効力について適用すべき法（当事者が合意により定めたものに限る。）が日本法以外の法であるとき。
　⑵　前記⑴①及び②の適用において，当事者が二以上の事務所又は営業所を有するときの事務所又は営業所とは，和解合意の成立の時において，当事者によって知られていたか又は予期されていた事情に照らして，和解合意によって解決された紛争と最も密接な関係がある事務所又は営業所をいう。
【乙案－国際性を有する和解合意に限定せず，国内の事案も適用対象とする案】
　乙1案
　　この法律は，民事上の紛争の解決を目的とする調停において成立し，書面によってされた当事者間の合意（以下「和解合意」という。）について適用する。

[乙2案]

甲案に，次の規律を加える。

⑶　この法律は，前記⑴の規定にかかわらず，認証紛争解決手続（裁判外紛争解決手続の利用の促進に関する法律（平成１６年法律第１５１号）第２条第３号に規定する認証紛争解決手続をいう。）により成立した和解合意について適用する。（注）

（注）乙2案は，国際性を有しない和解合意につき，対象となる和解合意の範囲に一定の制限を設ける規律を提案するものであり，その一例として，認証紛争解決手続により成立した和解合意を対象とすることを記載しているが，その範囲について他の規律を設けることを排除するものではない。

（参考）シンガポール条約第１条第１項及び第２条第１項

第１条第１項

　本条約は，商事紛争の解決を目的とする調停の結果として生じ，当事者により締結され，書面に記載された合意（和解合意）であって，締結の時に，次の点において国際性を有するものについて適用される。

(a)　和解合意の当事者のうちの少なくとも２当事者が，異なる国に営業所を有する場合，または，

(b)　和解合意の当事者が営業所を有する国が，以下のいずれとも異なる場合

　(ⅰ)　和解合意に基づく義務の重要な部分が履行される地

　(ⅱ)　和解合意の対象事項と最も密接な関連を有する地

第２条第１項

　第１条第１項の適用において

(a)　当事者が２以上の営業所を有する場合の営業所とは，和解合意が締結された時点において当事者によって知られている，または予期されていた事情を考慮して，和解合意によって解決された紛争と最も密接な関連を有する地の営業所をいう。

(b)　当事者が営業所を有しないときは，その当事者の常居所が関連を有するものとする。

３　一定の紛争の適用除外

　この法律は，次に掲げる紛争に関する調停により成立した和解合意については適用しない。（注１）

①　消費者（消費者契約法（平成１２年法律第６１号）第２条第１項に規定する消費者をいう。）と事業者（同条第２項に規定する事業者をいう。）との間の契約に関する民事上の紛争（注２）

②　個別労働関係紛争（個別労働関係紛争の解決の促進に関する法律（平成１３年法律第１１２号）第１条に規定する個別労働関係紛争をいう。）

③　人事に関する紛争その他家庭に関する紛争（注３）

（注1）本文3は，前記本文2においていずれの案を採用したとしても，①ないし③に掲げた紛争に関する調停により成立した和解合意について，一律に適用除外とするものであるが，乙案を採用した場合には，①又は③に掲げた紛争について，国際性の有無により異なる規律を設けるとの考え方もある。

（注2）消費者紛争に関する和解合意につき，一定の範囲又は要件の下，執行力を付与する対象とすることについて，引き続き検討する。

（注3）家事紛争に関する和解合意につき，とりわけ扶養義務等の履行確保の観点から，一定の範囲又は要件の下，執行力を付与する対象とすることについて，引き続き検討する。

（参考）シンガポール条約第1条第2項
　　本条約は，以下の和解合意には適用されない。
　(a)　当事者の一方（消費者）が，個人，家族，または家庭用として関与する取引から生じた紛争を解決するために締結したもの
　(b)　家族法，相続法または雇用法に関するもの

4　和解合意に基づく民事執行の合意
　　この法律は，和解合意の当事者が当該和解合意に基づいて民事執行をすることができる旨の合意をした場合に限り，当該和解合意について適用する。

（参考）シンガポール条約第8条第1項(b)
　　締約国は次のことを宣言することができる。
　(b)　和解合意の当事者が本条約の適用に合意した限りにおいて，本条約を適用すること。

5　一定の和解合意の適用除外
　　この法律は，次に掲げる和解合意には適用しない。
　①　裁判所により認可され又は裁判所の手続において成立した和解合意であって，その裁判所の属する国でこれに基づいて強制執行をすることができるもの。
　②　仲裁判断としての効力を有する和解合意であって，これに基づいて強制執行をすることができるもの。

（参考）シンガポール条約第1条第3項
　　本条約は以下の和解合意には適用されない。
　(a)　和解合意が
　(ⅰ)　裁判所により承認され，または，手続係属中に裁判所の面前で締結され，
　(ⅱ)　その裁判所の国で裁判として執行可能なもの。

11

　(b)　仲裁判断として記録され，かつ，執行可能なもの。

6　書面によってされた和解合意

　(1)　和解合意は，その内容が何らかの方式で記録されているときは，書面によってされたものとする。

　(2)　和解合意がその内容を記録した電磁的記録（電子的方式，磁気的方式その他人の知覚によっては認識することができない方式で作られる記録であって，電子計算機による情報処理の用に供されるものをいう。）によってされたときは，その和解合意は，書面によってされたものとする。

　(3)　電磁的記録については，当事者又は調停人の同一性を確認し，当該電磁的記録に含まれる情報に関する当事者又は調停人の意思を明らかにする方法が使用されており，かつ，その方法が，関連する合意を含むあらゆる事情に照らして，当該電磁的記録の作成又は伝達のために適切であると信頼することのできるものであるか又は上記の機能を事実上満たすと認められるときに，当該和解合意は当事者又は調停人によって署名されたものとする。

(参考）シンガポール条約第2条第2項及び第4条第2項
　第2条第2項
　　　和解合意は，その内容がなんらかの形で記録されている場合には，「書面性」を有するものとする。和解合意の書面性の要件は，後から参照するためにアクセス可能な情報が含まれている場合には，電子的通信によっても充足される。
　第4条第2項
　　　電子的通信に関しては，以下の場合に，和解合意が当事者により署名された，または，該当するときは調停人により署名された旨の要件を満たすものとする。
　(a)　ある方法が，電子的通信内の情報において，当事者または調停人の同一性確認，及び当事者または調停人の意思を明らかにするために用いられていること。かつ，
　(b)　その方法が，
　(ⅰ)　関連する合意を含む全ての状況を考慮して，作成または通信という目的において適切に信頼できるものであり，または，
　(ⅱ)　前記(a)記載の機能を実際上満たしていることが，それ自体あるいは他の証拠と併せて明らかになること。

7　和解合意の執行決定

　(1)　和解合意に基づいて民事執行をしようとする当事者は，債務者を被申立人として，裁判所に対し，執行決定（和解合意に基づく民事執行を許す旨の決定をいう。）を求める申立てをすることができる。

　(2)　前記(1)の申立てをするときは，当事者全員により署名された和解合意，当

該和解合意が調停により成立したものであることを証明するもの（当該和解合意における調停人の署名，調停人が署名した証明書，調停を実施した機関による証明書その他裁判所が相当と認めるものをいう。）及び和解合意（日本語で作成されたものを除く。）の日本語による翻訳文を提出しなければならない。（注1）

(3)　前記(1)の申立てを受けた裁判所は，当該和解合意に関する他の申立てが他の裁判所，仲裁廷又はその他の権限ある機関に対してもされており，それが前記(1)の申立てに影響を及ぼし得る場合において，必要があると認めるときは，前記(1)の申立てに係る手続を中止することができる。この場合において，裁判所は，前記(1)の申立てをした者の申立てにより，他の当事者に対し，担保を立てるべきことを命ずることができる。

(4)　前記(1)の申立てに係る事件は，次に掲げる裁判所の管轄に専属する。（注2）

①　当事者が合意により定めた地方裁判所

②　当該事件の被申立人の普通裁判籍の所在地を管轄する地方裁判所

③　請求の目的又は差し押さえることができる債務者の財産の所在地を管轄する地方裁判所

(5)　前記(4)の規定により二以上の裁判所が管轄権を有するときは，先に申立てがあった裁判所が管轄する。

(6)　裁判所は，前記(1)の申立てに係る事件の全部又は一部がその管轄に属しないと認めるときは，申立てにより又は職権で，これを管轄裁判所に移送しなければならない。

(7)　裁判所は，前記(1)の申立てに係る事件がその管轄に属する場合においても，相当と認めるときは，申立てにより又は職権で，当該事件の全部又は一部を他の管轄裁判所に移送することができる。

(8)　前記(1)の申立てに係る事件についての前記(6)又は(7)の規定による決定に対しては，即時抗告をすることができる。

(9)　裁判所は，後記8の規定により前記(1)の申立てを却下する場合を除き，執行決定をしなければならない。

(10)　裁判所は，口頭弁論又は当事者双方が立ち会うことができる審尋の期日を経なければ，前記(1)の申立てについての決定をすることができない。

(11)　前記(1)の申立てについての決定に対しては，即時抗告をすることができる。

（注1）一定の要件の下，訳文添付の省略を認める規律を設けるとの考え方もある。

（注2）「国際性」を有する和解合意に基づく執行決定の申立てについて，特別な管轄規律を設けるとの考え方もある。

（参考）シンガポール条約第４条第１項及び第３項並びに第６条
　第４条
　１　本条約に基づいて和解合意を援用しようとする当事者は，救済が求められている締約国の権限のある機関に対して，以下を提出しなければならない。
　　(a)　当事者全員により署名された和解合意
　　(b)　当該和解合意が調停から生じたものであることの証拠
　　　　例えば，
　　　(ⅰ)　当該和解合意上の調停人の署名，
　　　(ⅱ)　調停人により署名された，調停が行われたことを示す書面，
　　　(ⅲ)　調停を行った機関による証明書，または
　　　(ⅳ)　上記(ⅰ)，(ⅱ)または(ⅲ)を欠く場合は，権限ある機関において受理可能なその他の証拠
　２　（略）
　３　和解合意が，救済が請求された締約国の公用語で記載されていない場合，権限ある機関は，公用語への翻訳を提供するよう求めることができる。
　４・５　（略）
　第６条
　　　和解合意に関する申立てまたは請求が，第４条に基づいて請求された救済に影響を及ぼし得る裁判所，仲裁廷またはその他の権限ある機関に対してされている場合は，当該救済が請求されている締約国の権限ある機関は，適当と認めるときは，その決定を延期することができ，また，一方当事者の申立てに基づき，他方当事者に相当な担保の提供を命じることができる。

8　和解合意の執行拒否事由

　　　裁判所は，前記７⑴の申立てがあった場合において，次に掲げる事由のいずれかがある場合（①から⑨までに掲げる事由にあっては，被申立人が当該事由の存在を証明した場合に限る。）に限り，当該申立てを却下することができる。
　①　和解合意が，当事者の行為能力の制限により，その効力を有しないこと。
　②　和解合意が，当事者が合意により和解合意に適用すべきものとして有効に指定した法令（当該指定がないときは，裁判所が和解合意について適用すべきものと判断する法令）によれば，当事者の行為能力の制限以外の事由により，無効であるか，失効しているか，又は履行不能であること。
　③　和解合意が，それ自体の文言によれば，拘束力がないか，又は終局性がないこと。
　④　和解合意が，事後的に変更されたこと。
　⑤　和解合意に基づく義務が履行されたこと。
　⑥　和解合意に基づく義務が明確でないか，又は理解することができないこと。
　⑦　和解合意に基づく民事執行が当該和解合意の文言に反すること。

⑧　調停人に，調停人又は調停に適用される規範に対する重大な違反があり，当該違反がなければ当事者が当該和解合意をするに至らなかったこと。

⑨　調停人が，調停人の公正性又は独立性に疑いを生じさせるおそれのある事実を当事者に開示せず，当該不開示による重大又は不当な影響がなければ当事者が当該和解合意をするに至らなかったこと。

⑩　和解合意に基づく民事執行が，日本における公の秩序又は善良の風俗に反すること。

⑪　和解合意の対象である事項が，日本の法令によれば，和解合意の対象とすることができない紛争に関するものであること。

（参考）シンガポール条約第5条
1　第4条に基づいて救済が請求された締約国の権限ある機関は，救済請求の相手方当事者の申立てに基づき，その当事者が権限ある機関に対して次の事由を証明する場合に限り，救済の付与を拒否することができる。
　(a)　和解合意の当事者の1人が，完全な行為能力を有しない状態であったこと。
　(b)　援用対象とされた和解合意が，
　　(ⅰ)　当事者が有効に従う法，または，その指定がない場合には第4条に基づく救済の請求がされた締約国の権限ある機関によって適用されると想定される法によれば，無効であり，または履行をすることができないこと，
　　(ⅱ)　それ自体の文言によれば，拘束力がないこと，または，終局性がないこと，または，
　　(ⅲ)　後から修正されたこと。
　(c)　和解合意における義務が，
　　(ⅰ)　履行されたこと，または，
　　(ⅱ)　明確でないこと，または，理解可能でないこと。
　(d)　救済を付与することが当該和解合意の文言に反すること。
　(e)　調停人または調停に対して適用される規範について調停人による重大な違反があり，その違反がなければ当該当事者は和解合意を締結しなかったであろう場合，または，
　(f)　調停人が，当事者に対して，調停人の不偏性または独立性に正当な疑問を抱かせる事情を開示せず，かつ，そのような開示の懈怠が，当事者に，その懈怠がなければ当該当事者は和解合意を締結しなかったであろう重大な影響または不当な影響を与えたこと。
2　第4条に基づいて救済の請求がされた締約国の権限ある機関は，次のことを認める場合にも，救済の付与を拒否することができる。
　(a)　救済の付与が，その締約国の公序に反する場合，または，
　(b)　紛争の対象たる事項が，その締約国の法において，調停による和解が不可能なものであること。

9　和解合意の援用
　和解合意の援用については，特に規律を設けないものとする。

第3部　民事調停事件の管轄に関する規律の見直し

　　民事調停事件の管轄に関し，次の規律を設ける（注）。

　　知的財産の紛争に関する調停事件は，民事調停法第3条に規定する裁判所のほか，同条の規定（管轄の合意に関する規定を除く。）により次の各号に掲げる裁判所が管轄権を有する場合には，それぞれ当該各号に定める裁判所の管轄とする。

1　東京高等裁判所，名古屋高等裁判所，仙台高等裁判所又は札幌高等裁判所の管轄区域内に所在する簡易裁判所

　　東京地方裁判所

2　大阪高等裁判所，広島高等裁判所，福岡高等裁判所又は高松高等裁判所の管轄区域内に所在する簡易裁判所

　　大阪地方裁判所

（注）知的財産の紛争以外の紛争に関する調停事件の管轄等については，引き続き検討する。例えば，専門的な知見を要する〔専門的な知識経験が必要とされる〕事件を処理するために特に必要があると認められるときは，東京地方裁判所又は大阪地方裁判所に事件を移送することができるとの規律や，東京地方裁判所又は大阪地方裁判所において事件を自ら処理することができるとの規律を設けるとの考え方がある。

仲裁法等の改正に関する
中間試案の補足説明

令和３年３月

法務省民事局参事官室

仲裁法等の改正に関する中間試案の補足説明

目　次

はじめに

　我が国の仲裁法は，司法制度改革の一環として，平成１５年に制定された。それまで，仲裁手続に関しては，旧・旧民事訴訟法の名残である「公示催告手続及ビ仲裁手続ニ関スル法律」に規定が設けられていたが，この法律は，明治２３年に制定されたもので，その後１００年以上にわたり実質的な改正がされていなかった。そこで，この法律を現代化・国際化する観点から改正作業が進められた結果，我が国の仲裁法は，国際連合国際商取引法委員会（ＵＮＣＩＴＲＡＬ）が策定した国際商事仲裁モデル法（以下「モデル法」という。）に準拠する形で整備された。そのため，我が国の仲裁法は，その内容に照らし，国際的な水準に達していると評価し得るものである。しかしながら，平成１８年にモデル法の一部改正がされたことや，経済取引の国際化の進展等を踏まえ，幾つかの検討課題が指摘されている。

　第１に，仲裁手続は，国際的な商事紛争の解決手段として積極的に活用されており，近年，その利用件数は世界的に増加しているものの，我が国における取扱件数は低調に推移しており，これを活性化させる必要があるとの指摘がされている。そこでは，国際仲裁の活性化に向けた方策として，国内外の企業等に対する意識啓発・広報や仲裁に携わる人材の育成等の基盤整備に関する施策を進めることと併せて，最新の国際水準に見合った法制度を整備する必要があるとして，モデル法の一部改正を踏まえた仲裁法の見直しが求められている。

　また，国際仲裁の活性化の観点からは，仲裁判断の取消しや執行決定の申立て等の仲裁手続に関して裁判所が行う手続（以下「仲裁関係事件手続」という。）について，事件の管轄集中や証拠書類等の訳文添付の省略など，手続の迅速化や当事者の負担軽減のための規律の見直しについても検討すべきであるとの指摘もされている。

　第２に，近年，国際的な商事紛争の解決手段として国際調停が世界的に注目を集めており，手続的にも国際仲裁と国際調停との相互利用が図られている中，調停による和解合意にも執行力を与える必要があるとして，平成３０年１２月に国際連合総会において「調停による国際的な和解合意に関する国際連合条約（仮訳）」（いわゆるシンガポール条約。令和２年９月１２日発効。同日現在の署名国は５３か国，うち締約国は６か国。日本は未締結）が採択されたことを受け，こうした国際的な動向に対応した法整備の必要性が指摘されている。

　これらの状況を踏まえ，令和２年９月１７日開催の法制審議会第１８７回会議において，上川陽子法務大臣から法制審議会に対し，「経済取引の国際化の進展等の仲裁をめぐる諸

情勢に鑑み，仲裁手続における暫定措置又は保全措置に基づく強制執行のための規律を整備するなど，仲裁法等の見直しを行う必要があると思われるので，その要綱を示されたい。」との諮問（諮問第１１２号）がされ，その調査審議のため，仲裁法制部会（部会長・山本和彦一橋大学大学院教授）（以下「部会」という。）が設置された。部会においては，上記の検討課題のほか，民事調停事件の管轄に関する規律の見直しについても調査審議がされた。

　部会では，令和２年１０月以降約１か月に１回のペースで審議を重ね，令和３年３月５日の第６回会議において，「仲裁法等の改正に関する中間試案」（以下「試案」という。）を取りまとめるとともに，事務当局においてこれを公表し，意見照会の手続を行うことが了承された。

　以上の経緯により，事務当局である法務省民事局参事官室において試案を公表し，意見照会の手続を行うこととなった。

　今後，部会においては，試案に対して寄せられた御意見を踏まえ，要綱案の取りまとめに向けて，引き続き審議が行われる予定である（要綱案の取りまとめの時期及びこれを受けた法案の提出時期は，現時点では未定である。）。

　なお，この補足説明は，試案を公表するに当たり，その内容の理解に資するため，部会における審議を踏まえ，試案に掲げられた各項目について，その趣旨等を補足的に説明するものであり，事務当局である法務省民事局参事官室の責任において作成したものである。

【凡　例】

改正モデル法　　：２００６年改正後のＵＮＣＩＴＲＡＬ国際商事仲裁モデル法
シンガポール条約：調停による国際的な和解合意に関する国際連合条約（仮訳）

（注）改正モデル法の訳文は，第３６条第１項以外の規定については，三木浩一委員
　　による改正条項の仮訳（三木浩一「ＵＮＣＩＴＲＡＬ国際商事仲裁モデル法２０
　　０６年改正の概要（上）」ＪＣＡジャーナル５４巻６号（平成１９年）２～１４
　　頁）に，第３６条第１項の規定については，中村達也訳「３．ＵＮＣＩＴＲＡＬ
　　国際商事仲裁モデル法（１９８５年）２００６年改正版」ＵＮＣＩＴＲＡＬアジ
　　ア太平洋地域センター（ＵＮＣＩＴＲＡＬ‐ＲＣＡＰ）グローバル私法フォーラ
　　ム（ＧＰＬＦ）編『これからの国際商取引法―ＵＮＣＩＴＲＡＬ作成文書の条文
　　対訳』（商事法務，平成２８年）４５～４６頁による。
　　　シンガポール条約の訳文は，山田文委員による仮訳による。

第1部　仲裁法の見直し

（基本的な視点）

1　国際仲裁を巡る現状

　　国際仲裁とは，国際的な商取引に関する紛争について，当事者間の仲裁合意に基づき，当事者が第三者である仲裁人を選び，その判断に服することにより紛争解決を図る手続である。国際仲裁は，裁判所が行う訴訟等と比較して，外国での執行が容易であること，非公開の手続で行われるため企業秘密が守られること，専門的・中立的な仲裁人を選ぶことができることなど様々なメリットがあり，国際商取引における紛争解決手段としてグローバル・スタンダードとなっている。

　　例えば，海外の代表的な国際仲裁機関である国際商業会議所（ＩＣＣ）における令和元年の受理件数は，国際仲裁と国内仲裁とを合わせて８６９件，そのうち申立人の国籍又は設立地が日本であるものが１２件，被申立人の国籍等が日本であるものが１６件である。また，シンガポール国際仲裁センター（ＳＩＡＣ）における同年の受理件数は，国際仲裁と国内仲裁とを合わせて４７９件，そのうち申立人の国籍等が日本であるものが７件，被申立人の国籍等が日本であるものが８件である。

　　これに対し，日本の代表的な国際仲裁機関である日本商事仲裁協会（ＪＣＡＡ）における令和２年の受理件数は，国際仲裁と国内仲裁とを合わせて１８件であり，直近１０年をみても，毎年１０件から２５件程度で推移しており，諸外国との比較において，我が国の国際仲裁の利用件数は，低調であるといわざるを得ない。

2　国際仲裁の活性化の意義

　　国際仲裁を活性化させることは，紛争解決手段の選択肢を増やすものとして，日本企業の海外進出を後押しするとともに，海外からの投資を呼び込むことにも資するものといえ，我が国の経済成長に貢献するものであると考えられる。

　　そのため，国際仲裁の活性化については，政府全体で取り組む重要課題と位置付けられ，平成２９年９月に内閣官房に「国際仲裁の活性化に向けた関係府省連絡会議」が設置され，平成３０年４月，「国際仲裁の活性化に向けて考えられる施策」（中間とりまとめ）が取りまとめられた。その中では，人材育成，広報・意識啓発，仲裁専用施設の整備といった基盤整備に向けて，官民が連携して積極的に取り組んでいくべきとの指摘がされているほか，当事者が仲裁地を選択する際，その国の法制度の在り方は重大な関心事であり，最新の国際水準に見合った法制度を備えていることは国際仲裁を活性化させる重要な要素となるとして，仲裁法の見直しの要否を検討すべきであるとの指摘がされている。

3　検討の方向性

　我が国の仲裁法（平成15年法律第138号）は，国際連合国際商取引法委員会（UNCITRAL）が策定した国際商事仲裁モデル法に準拠して平成15年に整備されたものであるが，その制定過程である平成15年7月24日参議院法務委員会における仲裁法案に対する附帯決議では，「今後の国際的動向等を踏まえて必要に応じて所要の見直しを行う」ことなどが指摘されていた。そして，平成18年にモデル法が一部改正され，仲裁廷による暫定保全措置の定義（類型），発令要件，承認・執行等に関する規律が設けられるに至ったが，我が国の仲裁法においては，これに対応する規律は整備されていない。

　外国法制等の状況をみると，令和3年2月現在，モデル法に準拠した法制を採用している国が85か国（州等を含めると合計118）であり，このうち平成18年改正後のモデル法（以下「改正モデル法」という。）に対応しているとされている国が22か国（州等を含めると合計36）である。

　以上を踏まえると，基本的に，改正モデル法に対応するとの観点から，我が国の仲裁法を見直すことが相当であると考えられ，部会においても，その方向性に異論はみられなかった。

第1　暫定保全措置に関する規律
1　暫定保全措置の定義（類型）
⑴　仲裁法第24条第1項を，次のように改める。

　　仲裁廷は，当事者間に別段の合意がない限り，その一方の申立てにより，いずれの当事者に対しても，暫定措置又は保全措置を発することができる。

⑵　仲裁法第24条第1項に規定する暫定措置又は保全措置とは，仲裁判断があるまでの間，仲裁廷が当事者に対して一時的に次の各号に掲げる措置を講ずることを命ずるものをいう。

①　仲裁手続に付された民事上の紛争の対象の現状を変更しない措置又はその現状が変更されたときはこれを原状に回復する措置

②　現に生じ若しくは急迫した損害若しくは仲裁手続の円滑な進行の妨害を防止する措置又はこれらの損害若しくは妨害を生じさせるおそれのある行為をやめる措置

③　仲裁判断を実現するために必要な財産を保全する措置

④　仲裁手続に付された民事上の紛争の解決のために必要な証拠を保全する措置

（参考）改正モデル法第17条
1　当事者間に別段の合意がない限り，仲裁廷は，当事者の申立てにより，暫定保全措置を認め

ることができる。

2　暫定保全措置とは，仲裁判断の形式によるか又はその他の形式によるかを問わず，あらゆる一時的な措置であって，紛争についての終局的な判断である仲裁判断を下す前の時点において，仲裁廷が，当事者に以下に掲げる措置を命じるものをいう。

(a)　紛争を解決するまで現状を維持し又は現状を回復する措置

(b)　現在の若しくは切迫した損害又は仲裁手続に対する妨害を防止するための措置，又はそれらの原因となる虞のある行為を差し控えさせるための措置

(c)　将来の仲裁判断を実現するために必要な資産の保全手段を提供する措置

(d)　紛争の解決に関連しかつ重要である可能性のある証拠を保存する措置

（補足説明）

1　試案の趣旨

試案第1の1では，改正モデル法第17条に倣い，暫定保全措置の定義（類型）について明文の規律を新たに設けることとし，併せて，仲裁法第24条第1項の規定ぶりを改めることが提案されている。

2　暫定保全措置の定義（類型）

仲裁法第24条第1項は，当事者間に別段の合意がない限り，仲裁廷が暫定保全措置の発令権限を有することを定めている。しかしながら，同項の規定からは，仲裁廷がどのような内容の暫定保全措置を発することができるかは明らかでなく，その判断は仲裁廷の裁量に委ねられている。

そこで，試案第1の1(2)では，暫定保全措置に執行力を付与し得る制度を構想するのであれば，関係者にとって予測可能な程度に明確である必要があることから，改正モデル法第17条第2項各号の規律を参考に，仲裁廷が発令し得る暫定保全措置の内容について明文の規律を設けることとし，次の四つの類型を限定列挙することが提案されている。具体的には，当事者に対し，①紛争の対象の現状維持又は原状回復，②現に生じ若しくは急迫した損害の防止又は中止，仲裁手続の円滑な進行の妨害の防止又は中止，③仲裁判断の実現に必要な財産の保全及び④仲裁手続の審理に必要な証拠の保全を命ずることが提案されている。これらを我が国における他の制度と対比すると，おおむね，上記①及び②は民事保全法上の係争物に関する仮処分及び仮の地位を定める仮処分に相当するもの，上記③は民事保全法上の仮差押えに相当するもの，上記④は民事訴訟法上の証拠保全に相当するものということになる。

なお，証拠の保全を命ずる暫定保全措置に基づく強制執行の可否については，基本的に，我が国の民事訴訟法では，証拠保全についての強制執行が予定されていない以上，一律に，執行拒否事由（試案第1の8(1)イ⑨の「暫定措置又は保全措置が日本の法令によって執行することができないものであること」）に該当し得るものと考え得る。もっとも，証拠の保全を命ずる暫定保全措置が，証拠の保全を命じられた当事者に対

し，民事上の作為義務（証拠の提出等をすべき義務）又は不作為義務（証拠の改ざんや廃棄等をしてはならない義務）を課すものである場合には，公法上の協力義務が課される我が国の証拠保全の決定とは性質を異にするものであるとして，強制執行を許すことができるとも考え得る。

　また，試案第1の1(2)の規律の下では，訴訟禁止命令（仲裁合意に違反する訴えの提起及び訴訟の遂行を禁止し，又は係属中の訴訟の取下げを命ずる措置をいうものとされる。）や財産（資産）凍結命令（一方の当事者の全ての財産について処分を禁止する措置をいうものとされる。）を発することができるものと考えられる。ただし，これらの暫定保全措置につき，その承認及び執行が認められるか否かについては，証拠の保全を命ずる暫定保全措置と同様，個別の事案に応じた解釈に委ねられるものと考えられる。

3　仲裁法第24条第1項の改正

　我が国の仲裁法第24条第1項と改正モデル法第17条とを対比すると，次のような相違がみられる。

　まず，仲裁法第24条第1項によれば，「暫定措置又は保全措置」とは当事者が講ずべき措置を指すものとされているのに対し，改正モデル法第17条第2項によれば，「暫定保全措置」とは仲裁廷による命令を指すものとされている（同法第17H条は，「仲裁廷によって発令された暫定保全措置」を承認及び執行の対象としている。）。

　次に，仲裁法第24条第1項は，「紛争の対象について」との要件を定めているが，改正モデル法第17条第1項においては，仲裁廷に紛争の対象事項そのものではない事項に係る暫定保全措置を命ずる権限がないと解釈されることを避けるため，一部改正により，「紛争の対象事項について」との要件が削除されている。

　さらに，仲裁法第24条第1項は，暫定保全措置の内容及び発令要件に関する判断を仲裁廷の裁量に委ねる観点から「仲裁廷が必要と認める暫定措置又は保全措置」と規律しているが，暫定保全措置の定義（類型）や発令要件に関する明文の規律を設けるのであれば，「仲裁廷が必要と認める」との文言を削除することが相当である。なお，改正モデル法第17条第1項においても，一部改正により，「仲裁廷が必要と認める」との要件は削除されている。

　そこで，試案第1の1(1)では，改正モデル法第17条の規律に従い，仲裁法第24条第1項について，「暫定措置又は保全措置」が仲裁廷による命令を指すことを明らかにするとともに，「紛争の対象について」及び「仲裁廷が必要と認める」との文言を削ることが提案されている。

4　緊急仲裁人による暫定保全措置

　試案第1の1の規律においては，暫定保全措置の発令主体が「仲裁廷」であるとされていることとの関係で，部会では，緊急仲裁人による暫定保全措置についても議論

が及んだ。ここにいう緊急仲裁人とは，主要な仲裁機関の仲裁規則において導入されている制度であり，仲裁廷が構成されるまでには仲裁手続の開始から一定の期間を要することから，その間に緊急の暫定保全措置を要する場合に選任されるものである。なお，改正モデル法には，緊急仲裁人に関する規律は設けられていない。

緊急仲裁人は当然に「仲裁廷」に該当するものではないが，一般的に，緊急仲裁人の制度を導入している仲裁規則を適用する旨の仲裁合意がされた場合には，緊急仲裁人による暫定保全措置の発令を排除する合意が別途されていない限り，当該仲裁合意に基づいて発令された暫定保全措置は有効であるとされている。ただし，主要な仲裁機関の仲裁規則においては，緊急仲裁人による暫定保全措置は仲裁廷を拘束するものではなく，仲裁廷は当該暫定保全措置の変更等をすることができるものとされていることから，緊急仲裁人による暫定保全措置に執行力を付与することに関しては，その必要性及び相当性について，慎重な検討を要するものと考えられる。

このようなことから，試案においては，緊急仲裁人に関する規律を設けることは提案されていない。

5　一方当事者のみの手続による暫定保全措置

部会では，一方当事者のみの手続による暫定保全措置についても議論が及んだ。この点に関しては，基本的に，仲裁手続の準則については当事者が合意により定めることができるものとされており，双方審尋の要否について仲裁法に規律を設けることは適当でないとの意見があったことから，一方当事者のみの手続による暫定保全措置の発令の可否については，引き続き解釈に委ねることとされた。

ただし，その解釈に当たっては，試案第1の4のとおり，予備保全命令に関する規律を設けないのであれば，その裏返しとして，我が国の仲裁法として一方当事者のみの手続による発令を禁ずるものではないと解されるとの意見があったほか，一方当事者のみの手続によって発令された暫定保全措置に基づく執行については，相手方の防御権との関係に留意しつつ，その許否が判断されるべきであるとの意見があった。

6　暫定保全措置と裁判所による保全処分との関係

仲裁法の制定時においては，暫定保全措置に対する執行力の付与に関して検討すべき課題の一つとして，仲裁合意の対象となる民事上の紛争に関して，裁判所に対して保全処分の申立てをすることができること（仲裁法第15条）との関係をどのように考えるかという点が挙げられていた。そこで，部会では，暫定保全措置に基づく強制執行を許すこととする場合に，執行力が認められている裁判所における保全処分との優劣に関する規律を設けることの要否についても議論がされた。

この点については，我が国の民事保全法において，重複する訴えの提起の禁止（民事訴訟法第142条）に相当する規律は設けられておらず，重複する保全命令の申立てについては，保全の必要性の判断によって対応が図られていることから，仲裁廷に

対する暫定保全措置の申立てと裁判所に対する保全処分の申立てとが重複した場合に対応するための規律を設ける必要はないとの意見があった。そのため，試案においては，暫定保全措置と裁判所による保全処分との関係に関する規律を設けることは提案されていない。

　このような考え方を前提にすると，暫定保全措置に対する執行決定がされた後に，当該暫定保全措置と同趣旨の保全処分を求める申立てがされた場合には，個別の事案に応じ，申立ての利益や保全の必要性を欠くものとして，保全処分の申立てが却下され得ることになる。また，裁判所が保全命令を発し，それに基づく保全執行がされた後に，当該保全命令と同趣旨の暫定保全措置の執行決定を求める申立てがされた場合には，個別の事案に応じ，暫定保全措置についての執行決定の申立てが却下され得るものと考えられる。

2　暫定保全措置の発令要件

⑴　前記1⑵①から③までの規定に基づく暫定措置又は保全措置の申立てをするときは，次の各号に掲げる事項を証明しなければならない。

①　申立人に生ずる著しい損害を避けるため当該暫定措置又は保全措置を必要とすること。

②　本案について理由があるとみえること。

⑵　前記1⑵④の規定に基づく暫定措置又は保全措置の申立てについては，前記⑴各号の規定は，適用しない。

（参考）改正モデル法第17A条

1　第17条第2項(a)，(b)及び(c)に基づく暫定保全措置を申し立てる当事者は，次に掲げる事項を仲裁廷に証明しなければならない。

(a)　暫定保全措置が発令されなければ，損害賠償を命じる仲裁判断によっては十分に償えない損害が生じる可能性が大きく，かつ，その損害が当該措置が認められた場合に措置の対象となる当事者に生じうる損害を実質的に上回ること，及び，

(b)　申立人が，請求事件の本案において勝利する合理的な見込みがあること。ただし，この見込みに関する決定は，仲裁廷がその後に決定を行うに際しての裁量判断には影響を与えない。

2　第17条第2項(d)に基づく暫定保全措置の申立てについては，本条第1項(a)及び(b)の要件は，仲裁廷が適当と判断する場合にのみ適用される。

（補足説明）

1　試案の趣旨

　試案第1の2では，改正モデル法第17A条に倣い，暫定保全措置の発令要件について明文の規律を新たに設けることが提案されている。

2　暫定保全措置の発令要件

　　仲裁法第２４条第１項の規定からは，仲裁廷がどのような場合に暫定保全措置を発することができるかは明らかでなく，その判断は仲裁廷の裁量に委ねられている。

　　そこで，試案第１の２では，暫定保全措置の定義（類型）について規律を設けるのであれば，その発令要件についても関係者にとって予測可能な程度に明確である必要があることから，改正モデル法第１７Ａ条第１項の規律を参考に，暫定保全措置の発令要件について明文の規律を設けることが提案されている。

　　改正モデル法第１７Ａ条第１項は，暫定保全措置の発令要件として，実質的に，暫定保全措置が命じられなければ申立人に著しい損害が生ずるおそれがあり，かつ，その損害が，暫定保全措置が命じられることにより被申立人に生ずるおそれのある損害を上回ることにより，暫定保全措置を発する必要があることを要求している。これは，我が国の民事保全法第２３条第２項と同趣旨の規定であると考えられることから，試案第１の２⑴①では，改正モデル法第１７Ａ条第１項(a)に対応する規律として，民事保全法第２３条第２項と同様の要件とする規律を設けることが提案されている。

　　また，試案第１の２⑴②では，本案の請求が認容される合理的な可能性を要求する観点から，改正モデル法第１７Ａ条第１項(b)に対応する要件を設けることが提案されている。ここにいう「本案について理由があるとみえること」とは，暫定保全措置が仲裁手続との関係で付随的なものと位置付けられることから，暫定保全措置の申立てに対する判断をする時点において，当事者の主張の内容及び提出された証拠に照らすと，暫定保全措置の申立人が本案（仲裁判断に対応する申立事項）について主張する事実が，法律上，当該申立ての趣旨に従った仲裁判断をする理由となる事情に該当すると一応認められ，かつ，その主張する事実が一応認められることをいうものと考えられる。

　　なお，改正モデル法第１７Ａ条第１項は，同法第１７条第２項(a)から(c)までの暫定保全措置（試案第１の１⑵①から③までの規律に対応するもの）の発令要件について適用されるものであることから，試案第１の２⑴の規律の適用対象についても，同様のものとすることが提案されている。

３　証拠の保全を命ずる暫定保全措置

　　改正モデル法第１７Ａ条第２項は，同法第１７条第２項(d)の暫定保全措置（試案第１の１⑵④の規律に対応するもの）の申立てについては，同法第１７Ａ条第１項各号所定の要件は，仲裁廷が適当と判断する場合にのみ適用されることとされている。これは，証拠の保全を命ずる暫定保全措置については，その発令の可否の判断を，証拠の客観的性質や証拠を取り巻く事情に応じた仲裁廷の裁量に委ねることが相当であるとされていることによる。

　　そこで，試案第１の２⑵では，改正モデル法第１７Ａ条第２項に倣い，証拠の保全を命ずる暫定保全措置については，試案第１の２⑴の規定を適用しないことが提案さ

れている。

3　暫定保全措置の担保

　　仲裁法第２４条第２項を，次のように改める。

　　仲裁廷は，暫定措置又は保全措置の申立てをした当事者に対し，前項の暫定措置又は保全措置を発するについて，相当な担保を提供すべきことを命ずることができる。

（参考）改正モデル法第１７Ｅ条第１項

　　仲裁廷は，暫定保全措置を申し立てた当事者に対し，同措置に伴う適切な担保の提供を求めることができる。

（補足説明）

1　試案の趣旨

　　試案第１の２では，改正モデル法第１７Ｅ条第１項に倣い，暫定保全措置の発令に際して担保の提供を命ぜられる者に関し，仲裁法第２４条第２項を改めることが提案されている。

2　試案の概要

　　改正前のモデル法第１７条は，仲裁廷は，暫定保全措置の発令に際し，「any party（いかなる当事者に対しても）」，かかる措置に関して「appropriate security（相当な担保）」を提供することを求めることができるものとしていた。これを受けて，仲裁法第２４条第２項は，「いずれの当事者に対しても」相当な担保を提供すべきことを命ずることができると規定している。この「いずれの当事者に対しても」の文言の解釈については争いがあるものの，同項は暫定措置又は保全措置が発令される場面を想定し，被申立人に生じた損害の塡補を目的とするものであることに照らすと，被申立人に対しても担保の提供を命ずることができるとすることには反対の意見もみられるところである。

　　この点について，モデル法の一部改正により，改正モデル法第１７Ｅ条第１項において，仲裁廷は，「the party requesting an interim measure（暫定保全措置を申し立てた当事者に対し）」てのみ，担保の提供を求めることができるものとされた。

　　これを踏まえ，試案第１の３では，改正モデル法に対応するとの観点から，仲裁法第２４条第２項の規律を「暫定措置又は保全措置の申立てをした当事者に対し」と改めるとともに，試案第１の１(1)の規律との整合性を図る観点から，同項の「暫定措置又は保全措置を講ずるについて」との文言を「暫定措置又は保全措置を発するについて」と改めることが提案されている。

4　予備保全命令

予備保全命令については，特に規律を設けないものとする。

（補足説明）

1　試案の趣旨

試案第1の4では，改正モデル法の予備保全命令に関する規律に対応する規律は設けないことが提案されている。

2　規律を設けないものとする理由

改正モデル法第17B条第1項及び第2項は，暫定保全措置の被申立人に通知をすることが暫定保全措置の目的を損なうおそれがある場合には，仲裁廷において，一方の当事者の申立てにより，他方の当事者に通知することなく予備保全命令を発することができるものと定めている。これは，暫定保全措置の申立てがされたことを他方の当事者に知られないようにする必要がある場合（いわゆる密行性が求められる場合）を念頭に，他方の当事者への通知を要しないこととしたものであるが，同法第17C条第1項及び第2項によれば，予備保全命令が発令された後直ちに被申立人にその旨を通知し，反論の機会を与えなければならないとされていることから，予備保全命令に基づいて強制執行をする時点では被申立人に知られることとなり，密行性は十分に担保されていない。

そもそも，予備保全命令は一方当事者のみの関与によって発令されるものであることから，両当事者の公平な取扱い，十分な反論の機会の付与という仲裁の基本原則に反するものであるとして，モデル法一部改正時の議論においても，予備保全命令に関する規律の導入については強い反対意見があったとの指摘がされている。

また，改正モデル法に対応していると評価されている大韓民国の仲裁法では，予備保全命令に関する規律は設けられていない。

そこで，試案第1の3では，予備保全命令に関する規律を設けないことが提案されている。

5　暫定保全措置の変更等

仲裁廷は，当事者の申立てにより，仲裁法第24条第1項の規定により発した暫定措置又は保全措置を取り消し，変更し又はその効力を停止することができる。ただし，仲裁廷は，特別の事情があると認めるときは，当事者にあらかじめ通知した上で，職権で，暫定措置又は保全措置を取り消し，変更し又はその効力を停止することができる。

（参考）改正モデル法第17D条

　　　　仲裁廷は，当事者の申立てに基づき，又は例外的な状況下で当事者に事前の通知をした場合には職権により，自らが認めた暫定保全措置又は予備保全命令を，変更し，停止し又は終了させることができる。

（補足説明）
　1　試案の趣旨
　　　試案第1の5では，改正モデル法第17D条に倣い，暫定保全措置の変更等について，明文の規律を設けることが提案されている。
　2　試案の概要
　⑴　暫定保全措置の変更等の要件について
　　　　モデル法一部改正時の議論においては，仲裁廷が暫定保全措置の発令権限を有する以上，その変更等の権限も有すべきであり，その裁量権については制限されるべきでないこと，仲裁廷が暫定保全措置の変更等の決定をする際にはその理由を説明すると考えられることなどから，改正モデル法第17D条では，暫定保全措置の変更等の要件について特段の規定は設けられておらず，暫定保全措置の変更等に関する判断を仲裁廷の裁量に委ねることとされている。
　　　　そこで，試案第1の5では，改正モデル法に対応するとの観点から，暫定保全措置の変更等については，特段の要件を定めることなく仲裁廷の裁量に委ねる規律を設けることが提案されている。
　⑵　職権による変更等の可否及びその要件について
　　　　暫定保全措置は当事者の申立てにより発令されるものであるから，暫定保全措置の変更等についても，原則として，当事者の申立てによるのが相当であると考えられるものの，当事者の申立てを期待できない事情がある場合や緊急の必要がある場合等の特別の事情があると認められる場合においては，仲裁廷の職権による暫定保全措置の変更等を認めることも許容されるものと考えられる。ただし，職権による変更等がされる場合には，それに先立ち，当事者に当該変更等の可能性を了知させるため，当事者に対する事前の通知を要するものと考えられる。
　　　　このような理解を前提に，改正モデル法第17D条は，「exceptional circumstances（例外的な状況）」の存在及び当事者に対する事前の通知を要件として，仲裁廷が職権で暫定保全措置の変更等をすることを認めている。
　　　　そこで，試案第1の5では，改正モデル法に対応するとの観点から，職権による変更等の可否及びその要件についても，同法第17D条に対応する規律を設けることが提案されている。

　6　事情変更の開示
　　仲裁廷は，いずれの当事者に対しても，暫定措置若しくは保全措置又はその

申立ての基礎となった事実に係る重要な変更について，その速やかな開示を求めることができる。

（参考）改正モデル法第17F条第1項

　　仲裁廷は，すべての当事者に対し，暫定保全措置が申し立てられ又は認められた基礎に関連するあらゆる重要な事情の変更を，速やかに開示するよう求めることができる。

（補足説明）

1　試案の趣旨

　　試案第1の6では，改正モデル法第17F条に倣い，事情変更の開示について，明文の規律を設けることが提案されている。

2　試案の概要

　　試案第1の5のとおり，仲裁廷において，職権により暫定保全措置の変更等をすることができるとの規律を設けるのであれば，その判断の前提となる事情を把握するため，当事者に対し，事情の変更について開示を求める規律を設ける必要性が高いと考えられる。

　　このような理解を前提に，改正モデル法第17F条は，仲裁廷が当事者に対して変更等の基礎となる事情の変更について開示を求めることができること，開示の対象を「any material change in the circumstances（あらゆる重要な事情の変更）」とすることを定めている。

　　そこで，試案第1の6では，改正モデル法第17F条に倣い，職権による暫定保全措置の変更等の基礎となる事情の変更について，仲裁廷が当事者にその開示を求めることができるものとし，また，開示の対象を，暫定保全措置の変更等を要する程度の「重要な変更」（例えば，暫定保全措置の発令要件を充足しなくなったこと等）とすることが提案されている。

　　なお，一定の事情の変更があった場合について，当事者に対し，仲裁廷の命令を待たずに開示義務を課すとの規律を設けることも考えられるが，モデル法一部改正時の議論において，上記開示義務を課すことに対する反対意見が示された結果，改正モデル法第17F条の規律が採択されるに至ったことや，我が国の民事手続法制において，事情の変更について当事者に開示義務を課している例が見当たらないことから，試案第1の6のように，仲裁廷が当事者に対して事情変更の開示を求めることができるものとするとの規律が提案されている。

7　暫定保全措置に係る費用及び損害

⑴　暫定措置又は保全措置をした後において，その要件を欠くことが判明したときは，仲裁廷は，いつでも，暫定措置又は保全措置の申立てをした当事者

　　　に対し，当該措置によって他の当事者に生じた全ての費用及び損害の賠償を
　　　命ずることができる。
　⑵　前記⑴の命令は，仲裁判断としての効力を有する。

（参考）改正モデル法第17Ｇ条
　　　暫定保全措置又は予備保全命令を申し立てた当事者は，仲裁廷が，事情に照らして当該措置
　　または当該命令は認められるべきではなかったと事後に判断したときは，当該措置又は当該命
　　令によっていかなる当事者に対して生じたいかなる費用及び損害であれ，これについて責任を
　　負う。仲裁廷は，仲裁手続におけるいかなる時点においても，かかる費用及び損害の賠償を命
　　じることができる。

（補足説明）
　1　試案の趣旨
　　　試案第1の7では，改正モデル法第17Ｇ条を参考に，暫定保全措置に係る費用及
　　び損害について，明文の規律を設けることが提案されている。
　2　試案の概要
　　　暫定保全措置の発令が事後的に不当であったことが判明した場合には，当該措置に
　　よって損害を被った当事者が，仲裁手続において確実に損害の填補を受けることがで
　　きるようにすることが望ましい。
　　　この点に関し，改正モデル法第17Ｇ条は，仲裁廷に，不当に発令された暫定保全
　　措置によって生じた費用及び損害の賠償を当事者に対して命ずる権限を付与する旨の
　　規定であると解されている。また，同条に基づく命令の形式については，その命令に
　　執行力を付与し得るよう，仲裁判断を意味する「award」の語が用いられている。
　　　そこで，試案第1の7では，仲裁廷が上記費用及び損害の賠償を命ずる権限を有す
　　ることを明確にするとともに，仲裁法第38条第2項の規定を参考に，当該権限に基
　　づく仲裁廷の命令が仲裁判断としての効力を有するとの規律を設けることが提案され
　　ている。なお，この規律は，改正モデル法第17Ｇ条と同様，暫定保全措置に係る費
　　用及び損害に関する基本原則を定めるものであり，具体的にどのような範囲の費用及
　　び損害が賠償の対象となるか，仲裁廷が原状回復を命ずることができるか否かといっ
　　た点については，個別の事案における解釈に委ねられるものと考えられる。

　8　暫定保全措置の承認及び執行
　⑴ア　暫定措置又は保全措置（仲裁地が日本国内にあるかどうかを問わない。
　　　　以下，この⑴及び⑵において同じ。）は，その効力を有する。ただし，当該
　　　　暫定措置又は保全措置に基づく民事執行をするには，後記⑵による執行決
　　　　定がなければならない。

イ　前記アの規定は，次に掲げる事由のいずれかがある場合（①から⑧までに掲げる事由にあっては，当事者のいずれかが当該事由の存在を証明した場合に限る。）には，適用しない。

①　仲裁合意が，当事者の行為能力の制限により，その効力を有しないこと。

②　仲裁合意が，当事者が合意により仲裁合意に適用すべきものとして指定した法令（当該指定がないときは，仲裁地が属する国の法令）によれば，当事者の行為能力の制限以外の事由により，その効力を有しないこと。

③　当事者が，仲裁人の選任手続又は仲裁手続（暫定措置又は保全措置に関する部分に限る。以下④及び⑥において同じ。）において，仲裁地が属する国の法令の規定（その法令の公の秩序に関しない規定に関する事項について当事者間に合意があるときは，当該合意）により必要とされる通知を受けなかったこと。

④　当事者が，仲裁手続において防御することが不可能であったこと。

⑤　暫定措置又は保全措置が，仲裁合意若しくは当事者間の別段の合意又は暫定措置若しくは保全措置の申立ての範囲を超えて発せられたものであること。

⑥　仲裁廷の構成又は仲裁手続が，仲裁地が属する国の法令の規定（その法令の公の秩序に関しない規定に関する事項について当事者間に合意があるときは，当該合意）に違反するものであったこと。

⑦　仲裁廷が暫定措置又は保全措置の申立てをした当事者に対して相当な担保を提供すべきことを命じた場合において，その者が当該命令に違反したこと。

⑧　暫定措置又は保全措置が仲裁廷（仲裁地が属する国（当該暫定措置若しくは保全措置に適用された法令が仲裁地が属する国以外の国の法令である場合にあっては，当該国）の法令によりその権限を有する場合には，当該国の裁判所）により取り消され，又はその効力を停止されたこと。

⑨　暫定措置又は保全措置が日本の法令によって執行することができないものであること。（注）

⑩　仲裁手続における申立てが，日本の法令によれば，仲裁合意の対象とすることができない紛争に関するものであること。

⑪　暫定措置又は保全措置の内容が，日本における公の秩序又は善良の風俗に反すること。

ウ　前記イ⑤に掲げる事由がある場合において，当該暫定措置又は保全措置

15

から同⑤に規定する事項に関する部分を区分することができるときは，当
該部分及び当該暫定措置又は保全措置のその他の部分をそれぞれ独立した
暫定措置又は保全措置とみなして，前記イの規定を適用する。

⑵ア 　暫定措置又は保全措置に基づいて民事執行をしようとする当事者は，債
務者を被申立人として，裁判所に対し，執行決定（暫定措置又は保全措置
に基づく民事執行を許す旨の決定をいう。）を求める申立てをすることがで
きる。

イ 　前記アの申立てをするときは，暫定措置又は保全措置の命令書の写し，
当該写しの内容が暫定措置又は保全措置の命令書と同一であることを証明
する文書及び暫定措置又は保全措置の命令書（日本語で作成されたものを
除く。）の日本語による翻訳文を提出しなければならない。ただし，裁判所
は，相当と認めるときは，当事者の意見を聴いて，暫定措置又は保全措置
の命令書の全部又は一部について日本語による翻訳文の提出を要しないも
のとすることができる。

ウ 　前記アの申立てを受けた裁判所は，暫定措置又は保全措置の取消し，変
更又はその効力の停止を求める申立てがあったことを知った場合において，
必要があると認めるときは，前記アの申立てに係る手続を中止することが
できる。この場合において，裁判所は，前記アの申立てをした者の申立て
により，他の当事者に対し，担保を立てるべきことを命ずることができる。

エ 　前記アの申立てに係る事件は，仲裁法第５条第１項の規定にかかわらず，
同項各号に掲げる裁判所及び請求の目的又は差し押さえることができる債
務者の財産の所在地を管轄する地方裁判所の管轄に専属する。

オ 　裁判所は，前記アの申立てに係る事件がその管轄に属する場合において
も，相当と認めるときは，申立てにより又は職権で，当該事件の全部又は
一部を他の管轄裁判所に移送することができる。

カ 　前記アの申立てに係る事件についての仲裁法第５条第３項又は前記オの
規定による決定に対しては，即時抗告をすることができる。

キ 　裁判所は，後記ク又はケの規定により前記アの申立てを却下する場合を
除き，執行決定をしなければならない。

ク 　裁判所は，前記アの申立てがあった場合において，前記⑴イ各号に掲げ
る事由のいずれかがあると認める場合（同イ①から⑧までに掲げる事由に
あっては，被申立人が当該事由の存在を証明した場合に限る。）に限り，
当該申立てを却下することができる。

ケ 　前記⑴イ⑤に掲げる事由がある場合において，当該暫定措置又は保全措
置から同⑤に規定する事項に関する部分を区分することができるときは，

　　　当該部分及び当該暫定措置又は保全措置のその他の部分をそれぞれ独立し
　　た暫定措置又は保全措置とみなして，前記クの規定を適用する。
　コ　裁判所は，口頭弁論又は当事者双方が立ち会うことができる審尋の期日
　　を経なければ，前記アの申立てについての決定をすることができない。
　サ　前記アの申立てについての決定に対しては，即時抗告をすることができ
　　る。
（注）本文8⑴イ①から⑪までの規律は，いずれも暫定保全措置が効力を有しないこ
　　ととなる事由で，かつ，執行決定の申立てを却下することができる事由として提
　　案するものであるが，同⑨の規律については，執行決定の申立てを却下すること
　　ができる事由としてのみ定めるとの考え方もある。

（参考）改正モデル法第17H条第1項，第17I条第1項及び第36条第1項
　第17H条第1項
　　　仲裁廷によって発令された暫定保全措置は，拘束力を有するものとして承認されなければな
　　らず，仲裁廷が異なる判断をした場合を除き，それが発令された国にかかわらず，第17I条
　　の規定に従うことを条件として，管轄権を有する裁判所に対する申立てに基づいて，執行され
　　なければならない。
　第17I条第1項
　　　暫定保全措置の承認又は執行は，次の場合に限り，拒絶することができる。
　（a）　相手方である当事者の申立てに基づいて，裁判所に対して次の事由が証明された場合
　　（i）　当該拒絶が，第36条第1項(a)(i)，(ii)，(iii)若しくは(iv)に規定する理由により，
　　　　正当化されること，又は，
　　（ii）　仲裁廷が発令した暫定保全措置に関する担保提供についての決定が遵守されていない
　　　　こと，又は，
　　（iii）　暫定保全措置が，仲裁廷，又は，仲裁が行われた国の裁判所若しくは当該暫定保全措
　　　　置が認められた法が属する国の裁判所が終了若しくは停止の権限を有する場合は当該裁
　　　　判所によって，終了又は停止させられたこと，又は，
　（b）　裁判所が次の事由を認めた場合
　　（i）　暫定保全措置が裁判所に与えられた権限と相容れないこと。ただし，裁判所が当該暫
　　　　定保全措置を執行するために，自らの権限及び手続に適合させるのに必要な範囲におい
　　　　て，その実質を変更することなく，当該暫定保全措置を再構成する旨の決定をする場合
　　　　は，この限りでない。又は，
　　（ii）　第36条第1項(b)(i)又は(ii)に規定する事由のいずれかが，暫定保全措置の承認及
　　　　び執行について適用されること。
　第36条第1項
　　　仲裁判断の承認又は執行は，それがなされた国のいかんにかかわらず，次の各号に掲げる場
　　合にのみ，拒否することができる。
　（a）　仲裁判断が不利益に援用される当事者の申立てにより，その当事者が承認又は執行の申立
　　　てを受けた管轄裁判所に次の事由の存在を証明した場合

（ⅰ）　第７条に定める仲裁合意の当事者が，制限行為能力者であったこと，又はその仲裁合意が，当事者がその準拠法として指定した法律若しくはその指定がなかったときは，仲裁判断がなされた国の法律により，有効でないこと，又は

（ⅱ）　仲裁判断が不利益に援用される当事者が，仲裁人の選任若しくは仲裁手続について適当な通告を受けなかったこと，又はその他の理由により防御することが不可能であったこと，又は

（ⅲ）　仲裁判断が仲裁付託の条項に定められていない紛争若しくはその条項の範囲内にない紛争に関するものであること又は仲裁に付託された範囲を超える事項に関する判断を含むこと。但し，仲裁に付託された事項に関する判断が，付託されなかった事項に関する判断から区分することができる場合には，仲裁に付託された事項に関する判断を含む仲裁判断の部分は，承認し，かつ，執行することができる，又は

（ⅳ）　仲裁廷の構成又は仲裁手続が，当事者の合意に従っていなかったこと，又はかかる合意がないときは，仲裁が行われた国の法律に従っていなかったこと，又は

（ⅴ）　（略）

（b）　裁判所が次のことを認めた場合

（ⅰ）　紛争の対象事項が，この国の法律により，仲裁による解決が不可能であること，又は

（ⅱ）　仲裁判断の承認又は執行が，この国の公序に反すること。

（補足説明）

1　試案の趣旨

　　試案第１の８では，改正モデル法第１７Ｈ条，第１７Ｉ条を参考に，暫定保全措置の承認又は執行拒否事由に関する規律及び裁判所による執行決定に関する規律を設けるとともに，仲裁判断の執行決定に関する仲裁法の規律（同法第４６条）に倣い，所要の関連する規律を整備することが提案されている。

2　暫定保全措置に対する執行力の付与

⑴　仲裁法制定時における議論の状況

　　仲裁廷による暫定保全措置に執行力を認めるかどうかについては，仲裁法の制定過程においても議論がされたが，その当時，モデル法の改正案が確定していなかったことから，暫定保全措置に対する執行力の付与については見送られた。

⑵　暫定保全措置に執行力を付与することの必要性

　　現行の仲裁法に暫定保全措置への執行力の付与に関する規定は存在しないため，当事者が暫定保全措置に従わない場合には，仲裁合意の違反に基づく損害賠償等を求め得るにとどまることになる。しかしながら，社会経済のスピードがますます速くなってきたことに伴い，暫定保全措置の果たす役割の重要性が更に高まってくると，当事者が暫定保全措置に従わない場合に備え，裁判所による強制執行を可能とする枠組みを設けておく必要性は強まるものと考えられる。

　　確かに，仲裁手続の当事者は，裁判所に対し，執行力のある保全命令を求める申立てをすることができる。しかしながら，仲裁合意により裁判外での紛争解決手続

である仲裁手続を選択した当該当事者に対し，裁判所に，保全の必要性等，民事保全に係る実体的な判断を得ることを求めるというのは，当事者の意思に十分に合致していないとも考えられる。

　以上によれば，暫定保全措置に執行力を付与することにより，仲裁手続による紛争解決の実効性を高めるとともに，当事者の利便性を向上させることができるといえることから，暫定保全措置に執行力を付与する必要性は高いと考えられる。

(3)　暫定保全措置に執行力を付与することの許容性（正当化根拠）

　　仲裁合意が存在する場合には，当該仲裁合意に基づいて仲裁廷がした判断に基づいて強制執行を認めることは，当事者の意思に合致するものであり，紛争解決の在り方に関する私的自治の保障に資すると考えられる。そして，仲裁合意が存在し，かつ，仲裁合意において暫定保全措置の発令が排除されていない場合には，仲裁廷が暫定保全措置を発令することができるものとされていることからすると，一般的に，暫定保全措置が適法に発令された場合には，仲裁合意をした当事者間において，仲裁判断のみならず，暫定保全措置にも拘束されることを受忍する旨の合意が存在していると評価することができるものと考えられる。

　　また，仲裁廷による暫定保全措置は，暫定的，一時的に効力を有するものであるとはいえ，仲裁廷が判断を示すことによって，仲裁判断がされるまでの当事者間の権利関係を明確化するものであり，当事者に対する拘束力を持ち得るものである。

　　以上によれば，仲裁合意において暫定保全措置の発令が排除されていない場合には，当該仲裁合意を根拠として，仲裁判断に基づく強制執行（仲裁法第45条第1項）のみならず，暫定保全措置に基づく強制執行についても認めることが許容されるものと考えられる。

3　仲裁地が日本国内にある場合に限るか否か

　前記2のような暫定保全措置に執行力を付与することの必要性及び許容性（正当化根拠）は，仲裁地が日本国内にあるか否かによって左右されるものではないと考えられる。

　そこで，試案第1の8(1)アでは，仲裁判断の承認及び執行と同様，仲裁地が日本国内にあるかどうかを問わず，暫定保全措置の承認及び執行に関する規律を適用することが提案されている。

4　暫定保全措置の承認に関する規律

(1)　改正モデル法の規律

　　改正モデル法第17H条第1項は，仲裁廷によって発令された暫定保全措置は，同法第17I条第1項所定の事由がない限り，拘束力を有するものとして承認されなければならないこととしている。

(2)　「承認」の意義

　　　外国裁判所による確定判決や仲裁廷による仲裁判断については，承認されること
　　により，執行力のほか，本案の権利義務関係につき既判力や形成力を有するものと
　　考えられるが，暫定保全措置については，本案の権利義務関係につき終局的な判断
　　をするものではないこと等から，暫定保全措置の「承認」は，外国裁判所の確定判
　　決の「承認」や仲裁判断の「承認」とは，必ずしも同一の意義を有するものではな
　　いと考えられる。

　　　しかしながら，現行法上，仲裁判断の承認（仲裁法第４５条）や外国倒産処理手
　　続の承認（外国倒産処理手続の承認援助に関する法律第２条第１項第５号，第１７
　　条以下）について，異なる意味で「承認」との文言が用いられていることや，改正
　　モデル法においても「recognition（承認）」との文言が用いられていることに照ら
　　し，試案第１の８では，その見出しにおいて，「承認」との文言が用いられている。

⑶　「承認」に関する規律を設けることの意義

　　　部会では，改正モデル法が暫定保全措置の承認に関する規律を設けていることか
　　ら，我が国の仲裁法においてもこれに対応する規律を設けるべきであるとの意見が
　　多数あった一方，暫定保全措置の承認に関する規律を設けることによって実務上の
　　不都合が生じるとの意見はなかった。

　　　また，例えば，法的地位を有することを確認するとの暫定保全措置（試案第１の
　　１⑵②の類型に該当するものと考えられる。）が発令された後に，我が国の裁判所に
　　対し，その地位を前提とした保全処分の申立てがされた場合には，当該裁判所は，
　　被保全権利や保全の必要性に関する判断について，先行する暫定保全措置が有効に
　　存在することを前提に判断しなければならないと考えられることからすれば，当該
　　暫定保全措置により一定の法律関係が形成されていると観念することは可能であっ
　　て，承認すべき一定の効力を認めることができるとの意見があった。

　　　さらに，承認に関する規律を設けることにより，特段の手続を要さずに，我が国
　　において暫定保全措置につき一定の効力が認められることが明確になるとともに，
　　例えば，我が国の裁判所に対し，暫定保全措置に反したことを理由として損害賠償
　　を求める訴訟が提起された場合に，当該訴訟の被告（暫定保全措置の効力を争う者）
　　が，承認拒否事由を抗弁として主張することができることが明らかになるものと考
　　えられる。

　　　以上を踏まえ，試案第１の８⑴アでは，暫定保全措置の承認に関する規律として，
　　「暫定措置又は保全措置（中略）は，その効力を有する。」との規律を設けることが
　　提案されている。

５　強制執行を許すための手続

　　　前記２のとおり，暫定保全措置に執行力を付与することができる根拠を当事者間の
　　合意に求めるとするならば，暫定保全措置の発令が当事者間の合意に基づくものと評

価することができない場合には，暫定保全措置に基づく強制執行を許すべきではないといえる。例えば，仲裁合意の効力を否定すべき事由があること，暫定保全措置の発令を排除する旨の合意があること，仲裁合意において従うべきこととされていた手続を経ることなく暫定保全措置が発令されたことなどの事情が認められる場合においては，当該暫定保全措置は当事者間の合意に基づくものと評価することができず，その強制執行を許すべきではないと考えられる。

　また，強制執行を行うことは国家機関が強制的に権利を実現することを意味することに鑑みると，暫定保全措置の内容（実体的正当性）及びその発令のための手続（手続的正当性）に照らし，我が国における強制執行を認めることが相当でないと認められる場合には，その強制執行を許すべきでないと考えられる。

　以上によれば，暫定保全措置に執行力を付与することが許容され得るとしても，暫定保全措置に基づく強制執行を許すべきではない事由が想定され得るところ，そのような事由（執行拒否事由）の有無については裁判所の審査に委ねることが相当であることから，仲裁判断の執行決定に関する規定（仲裁法第４５条第１項，第４６条第１項）と同様，暫定保全措置に基づく強制執行を許すためには，裁判所による執行決定を要するものと考えられる。

　そこで，試案第１の８⑴アでは，暫定保全措置に基づく民事執行を許すためには，裁判所による執行決定を要するものとすることが提案されている。

　なお，試案第１の８⑴ア及び⑵アでは，暫定保全措置に基づく強制執行として，「民事執行」（民事執行法第１条参照）が念頭に置かれており，民事執行法に基づく強制執行（同法第１７２条所定の間接強制等）が想定されている。

6　承認又は執行の拒否事由

⑴　総論

　　改正モデル法第１７Ｉ条は，暫定保全措置の承認又は執行の拒否事由について定めており，その実質的な内容は，基本的に，仲裁判断の承認又は執行の拒否事由と同様であるとされている。そこで，試案第１の８では，暫定保全措置の拒否事由について，仲裁判断の拒否事由と同内容の規律（試案第１の８⑴イ）を設け，裁判所は，執行拒否事由のいずれかがあると認める場合を除き，執行決定をしなければならないものとすること（試案第１の８⑵キ）が提案されている。

　　改正モデル法第１７Ｉ条第１項は，拒否事由のうち，当事者による証明を要するもの（同項(a)）と裁判所による職権調査事項とするもの（同項(b)）とを区別していることから，試案においても，前者（試案第１の８⑴イ①から⑧までに掲げる事由）と後者（同⑨から⑪までに掲げる事由）とが区別されている。

　　また，改正モデル法第１７Ｉ条第１項は，同項所定の執行拒否事由が認められる場合に執行を「may be refused（拒絶することができる）」と定めていることから，

試案第１の８⑵クでは，裁判所は当該申立てを「却下することができる」ものとされ，執行拒否事由が認められる場合であっても，当該執行拒否事由の性質等を踏まえ，裁判所の裁量により執行決定の申立てを却下しないこととする余地を認めることが提案されている。

⑵　試案第１の８⑴イ①，②及び⑤について

暫定保全措置は，仲裁合意が存在し，かつ，当事者間において暫定保全措置の発令が排除されていない場合に発令されるものであることから，当事者の行為能力の制限又はそれ以外の事由により仲裁合意がその効力を有しない場合（試案第１の８⑴イ①及び②）や，暫定保全措置が仲裁合意若しくは当事者間の別段の合意又は暫定措置若しくは保全措置の申立ての範囲を超えて発せられたものである場合（同⑤）には，その暫定保全措置は仲裁廷がその権限に基づいて発令したものとはおよそいい難いことから，試案においては，これらを承認又は執行の拒否事由とすることが提案されている。

なお，部会では，上記⑤につき，「当事者間の別段の合意」との文言は不要ではないかとの意見もあったが，例えば，仲裁合意をした当事者が，仲裁合意とは別に，一定の類型の暫定保全措置の発令を排除する旨の合意をした場合など，暫定保全措置に関する「当事者間の別段の合意」は仲裁合意そのものには該当しないと考えられることから，試案においては，当該文言を含めた提案がされている。

⑶　試案第１の８⑴イ③，④及び⑥について

我が国において暫定保全措置の効力を認め，これに基づく強制執行を許すためには，その発令のための手続が当事者間の合意内容に沿ったものであり，正当性を欠くものでないものにする必要がある。そこで，試案においては，仲裁地が属する国の法令の規定又は当事者間の合意に反する手続で進められたこと（試案第１の８⑴イ③及び⑥）や，当事者に防御の機会がなかったこと（同④）を承認又は執行の拒否事由とすることが提案されている。

なお，今般の見直しにおいて，仲裁手続から独立した暫定保全措置固有の発令手続を設けることは想定されていないものの，部会では，暫定保全措置の発令と関係のない仲裁手続の違背についての主張がされ，執行決定の手続が遅延するおそれがあるとの意見や，暫定保全措置との関係ではその発令までの間に防御の機会が与えられなかったが，最終的に仲裁判断がされるまでの間に仲裁判断との関係で防御の機会が与えられた場合に，暫定保全措置の執行拒否事由が認められないおそれがあるとの意見があったことを踏まえ，問題となる「仲裁手続」の範囲に限定を加えることが相当であるとして，試案第１の８⑴イ③，④及び⑥においては，「仲裁手続」につき「暫定措置又は保全措置に関する部分に限る。」との文言を加えることが提案されている。

⑷　試案第1の8⑴イ⑦及び⑧について

　　仲裁廷が暫定保全措置を発する際に，その申立てをした当事者に対して相当な担保を提供すべきことを命じたにもかかわらず，その者が当該命令に違反した場合（試案第1の8⑴イ⑦）や，仲裁廷により暫定保全措置が取り消されるなどした場合（同⑧）には，当該暫定保全措置の承認又は執行の前提を欠くことになる。

　　そこで，試案においては，これらを承認又は執行の拒否事由とすることが提案されている。

⑸　試案第1の8⑴⑨，⑩及び⑪について

　　試案第1の1のとおり，暫定保全措置の定義（類型）に関する規律を設けたとしても，様々な内容の暫定保全措置が発令されることが想定されるところ，その内容に照らし，我が国において，当該暫定保全措置の承認及び執行を許すことが相当でない場合があり得る。そこで，試案においては，当該暫定保全措置が日本の法令によって執行することができないものであること（試案第1の8⑴イ⑨），日本の法令上，仲裁合意の対象とすることができない紛争に関する申立てであること（同⑩），暫定保全措置の内容が日本における公序良俗に反すること（同⑪）を承認又は執行の拒否事由とすることが提案されている。

　　このうち，上記⑨の規律の下では，例えば，一定の法的地位を有することを確認するとの暫定保全措置について，我が国では民事執行の対象とならないことを理由に承認されない（効力を有しない）ものと解されるおそれがあるのではないかが問題となり得る。この点については，この拒否事由に対応する改正モデル法第17Ｉ条第1項⒝(ⅰ)の規定は，暫定保全措置に基づく執行の局面において，「暫定保全措置が裁判所に与えられた権限と相容れない」場合を想定して設けられた規律であるとされていることから，同規律に基づいて承認が拒否されるものではないと解釈されるべきであるとの意見があった。他方，上記⑨に掲げる事由については，執行決定の申立てに係る事件についてのみ適用される規律とする（例えば，試案第1の8⑴イには規律を設けないこととし，同8⑵クにおいて，当該事由があると認められる場合には，執行決定の申立てを却下することができるとの規律を設ける。）ことが考えられ，そのような規律を設けることとしても，改正モデル法第17Ｉ条第1項⒝(ⅰ)の趣旨には反しないのではないかとの意見があった。そこで，これらの意見を踏まえ，試案本文の**（注）**では，試案第1の8⑴イ⑨に掲げる事由については，執行決定の申立てに係る事件についてのみ適用される規律とする考え方もあることが示されている。

　　なお，上記⑩は，仲裁合意の対象とすることができない紛争に関する申立てであるか否かを問題とするものであるところ，当事者が仲裁人に解決を委ねる紛争（仲裁法第2条第1項参照）は，仲裁合意又は仲裁手続全体との関係で観念されている

ことから，ここにいう「仲裁手続」については，「暫定措置又は保全措置に関する部分に限る。」との文言を加えないこととされている。

7　暫定保全措置の変更等がされた場合における裁判所への通知

改正モデル法第17H条第2項は，仲裁廷により暫定保全措置の変更等がされたときは，暫定保全措置の承認又は執行を求めた当事者は，裁判所に対し，速やかにその変更等がされた旨を通知する義務を負うこととしている。

もっとも，我が国の仲裁法は，仲裁判断の執行決定（同法第45条，第46条）について，執行決定をした裁判所がその変更等をすることができる旨の規律を設けておらず，確定した執行決定のある仲裁判断に基づく強制執行を阻止するための手段としては，請求異議の訴えの提起（民事執行法第35条）や，強制執行の停止又は取消しの申立て（同法第39条，40条）が想定されている。これに倣い，暫定保全措置の執行決定についても，執行決定をした裁判所が事後的にその変更等をすることができる制度を設けることは予定していないことから，暫定保全措置の変更等がされた場合における裁判所への通知を義務付ける規律を設ける意義は乏しいといえる。

また，改正モデル法に対応していると評価されている香港の仲裁条例においても，暫定保全措置の変更等がされた場合における裁判所への通知に関する規律は設けられていない。

そこで，試案においては，上記通知に関する規律を設けることは提案されていない。

8　裁判所による担保提供の命令権限

改正モデル法第17H条第3項は，暫定保全措置の承認又は執行を求められた国の裁判所は，暫定保全措置を申し立てた当事者に対し，担保の提供を命ずることができることとしている。

もっとも，仲裁廷が担保の提供を命じずに暫定保全措置を発した場合に，執行決定の申立てを受けた裁判所が適切な担保の額を定めることには困難な面があり，その審理にも相当程度の時間を要するものと考えられる。また，担保が提供されれば，我が国において暫定保全措置に基づく強制執行を許すことができる場合は例外的な場面であり，仮にそのような場合があるとしても，当事者が，仲裁廷に対し，担保の提供を命ずる形への暫定保全措置の変更等を求めれば足りるものと考えられる。

加えて，改正モデル法に対応していると評価されている香港の仲裁条例では，裁判所による担保提供の命令権限に関する規律は設けられていない。

これらを踏まえ，試案においては，裁判所による担保提供の命令権限に関する規律を設けることは提案されていない。

9　裁判所による暫定保全措置の変更権限

改正モデル法第17I条第1項(b)(i)は，暫定保全措置の実質を変更することなく，形式的・技術的な修正により強制執行を許すことが可能となる場合を念頭に，裁判所

に暫定保全措置を一定の範囲で変更する権限を認めている。

　しかしながら，そのような変更を要する場合には，当事者が，仲裁廷に対し，暫定保全措置の変更等を求めれば足りるものと考えられる。また，上記改正モデル法の規律の下で認められる暫定保全措置の変更の程度によっては，裁判所における審理の負担が高まるとの指摘もされている。

　加えて，改正モデル法に対応していると評価されている香港の仲裁条例では，裁判所による暫定保全措置の変更権限に関する規律は設けられていない。

　これらを踏まえ，試案においては，裁判所による暫定保全措置の変更権限に関する規律を設けることは提案されていない。

10　その他の規律の整備

　仲裁法の制定時，仲裁判断の承認及び執行に関する規律を整備した際には，執行拒否事由及び執行決定に関する規律（仲裁法第46条第7項及び第8項）のほか，仲裁判断の取消しを求める申立てがあった場合における執行決定手続の中止等（同条第3項），裁量移送（同条第5項），移送決定に対する即時抗告（同条第6項），仲裁判断が仲裁合意又は仲裁手続における申立ての範囲を超える事項に関する判断を含む場合においてこれを区分し得るときの規定（同法第45条第3項）の準用（同法第46条第9項）及び必要的審尋等に係る規定（同法第44条第5項及び第8項）の準用（同法第46条第10項）に関する規律を併せて整備している。

　そこで，試案第1の8⑵においては，暫定保全措置の執行に関する規律を設けるに当たり，同様の規律を整備することが提案されている。

　なお，試案第1の8⑵イ及びエでは，暫定保全措置の執行決定の申立てにおける外国語資料の訳文添付や管轄に関する規律につき，仲裁判断の執行決定の申立てに関する規律に倣うこととされているが，この点についての補足説明は，後記第3の該当部分を参照されたい（管轄については27頁以下，訳文添付については32頁以下）。

（後注）仲裁法第45条第1項本文は，仲裁判断について確定判決と同一の効力を有するとしつつ，同条第2項は，同項各号に定める事由のいずれかがある場合には，第1項の規定は適用しないこととしている。これらの規律によれば，同法第44条の規定によることなく，日本又は外国の裁判所において，上記の各事由のいずれかが存在すると判断され，仲裁判断の効力が否定され得ることとなるから，仲裁判断の効力が否定される場面を限定する方向で，同法第45条第2項の規律を改めることを検討してはどうかとの意見があった。もっとも，この点については，我が国の仲裁法は改正前のモデル法に対応しているものと評価されているところ，仲裁判断の承認については改正モデル法において規律が改められていないことなどを踏まえ，慎重に検討する必要があるものと考えられる。

第2　仲裁合意の書面性に関する規律

1　仲裁法第１３条第２項を，次のように改める。

仲裁合意は，書面によってしなければならない。

2　仲裁法第１３条第３項として，次の規定を加える。

仲裁合意は，その内容が何らかの方式で記録されているときは，仲裁合意が口頭，行為又はその他の方法により締結されたとしても，書面によってされたものとする。

（参考）改正モデル法（オプションⅠ）第７条第２項及び第３項

2　仲裁合意は，書面によらなければならない。

3　仲裁合意は，その内容が何らかの方式で記録されているときは，仲裁合意又は契約が口頭，行為又はその他の方法により締結されたとしても，書面によるものとする。

（補足説明）

1　試案の趣旨

試案第２の１及び２では，仲裁合意の書面性について，改正モデル法オプションⅠの第７条第２項及び第３項に対応した規律とすることが提案されている。

2　試案の概要

改正モデル法は，仲裁合意の書面性に関する第７条について，書面要件を維持しつつ，その内容を大幅に緩和するオプションⅠと，書面要件を撤廃するオプションⅡの二つを提示している。オプションⅠは，「外国仲裁判断の承認及び執行に関する条約」（ニューヨーク条約）が仲裁合意の書面要件を前提としている（同条約第２条第２項）ことから，それとの整合性を図る必要があるとの考え方に立つものである。そして，改正モデル法オプションⅠの第７条第２項は，「仲裁合意は，書面によらなければならない」と，同条第３項は，「仲裁合意は，その内容が何らかの方式で記録されているときは，仲裁合意又は契約が口頭，行為又はその他の方法により締結されたとしても，書面によるものとする」と，それぞれ定めている。

これに対し，我が国の仲裁法は，仲裁合意は書面によってしなければならないものとしつつ（同法第１３条第２項），①仲裁合意が電報やファクシミリ装置等を利用してされたとき（同項），②仲裁合意を内容とする条項が記載された文書が書面によってされた契約の一部を構成するものとして引用されているとき（同条第３項。同項は，改正モデル法オプションⅠの第７条第６項に対応する。）又は③仲裁合意の内容を記録した電磁的記録によってされたとき（仲裁法第１３条第４項。同項は，改正モデル法オプションⅠの第７条第４項の一部に対応する。）には，書面要件を満たす旨の規律を設けている。しかしながら，我が国の仲裁法は，条文で列挙されている上記①から③までの場合に書面要件が満たされる旨の規律を設けるにとどまり，一般に，仲裁合意の

内容が何らかの方式で記録されているときには書面要件を満たすものとする規律を設けていない。そのため，例えば，口頭によって仲裁合意が成立したことを音声によって記録した場合について，書面要件を満たすか否かは解釈に委ねられている（改正モデル法オプションⅠの第7条第3項によれば，書面要件を満たすことは明らかである。）。

そこで，試案第2では，仲裁合意の書面要件を維持しつつ，仲裁法第13条第2項のうち書面要件を満たす場合の例示を規律する部分（「当事者の全部が署名した文書，当事者が交換した書簡又は電報（ファクシミリ装置その他の隔地者間の通信手段で文字による通信内容の記録が受信者に提供されるものを用いて送信されたものを含む。）その他の書面」）を削除するとともに，改正モデル法オプションⅠの第7条第3項に倣った規律を新たに設けることが提案されている。

第3　仲裁関係事件手続に関する規律
1　仲裁関係事件手続における管轄
仲裁法第5条において，同条第1項及び第2項の規律に加え，次のような規律を設ける。

⑴　仲裁地が日本国内にある場合において，第1項の規定による管轄裁判所が定まらないときは，最高裁判所規則で定める地を管轄する地方裁判所の管轄に専属する。

⑵　第1項に規定する事件について，同項第3号の規定によれば次の各号に掲げる裁判所が管轄権を有する場合には，それぞれ当該各号に定める裁判所にも，その申立てをすることができる。

ア　東京高等裁判所，名古屋高等裁判所，仙台高等裁判所又は札幌高等裁判所の管轄区域内に所在する地方裁判所（東京地方裁判所を除く。）
　　東京地方裁判所

イ　大阪高等裁判所，広島高等裁判所，福岡高等裁判所又は高松高等裁判所の管轄区域内に所在する地方裁判所（大阪地方裁判所を除く。）
　　大阪地方裁判所

（補足説明）
1　試案の趣旨
　　試案第3の1では，仲裁関係事件手続について，裁判所における専門的な事件処理態勢を構築し，手続の一層の適正化及び迅速化を可能とする観点から，東京地方裁判所又は大阪地方裁判所にも競合管轄を認めるとの規律を設けることが提案されている。
2　現行法の規律
　　仲裁は私的自治に基づく制度であり，仲裁手続に対する国家の過度の介入を抑止す

る趣旨から，仲裁手続に関しては，裁判所は，仲裁法に規定する場合に限り，その権限を行使することができるものとされている（同法第４条）。そして，仲裁関係事件手続における管轄については，同法第５条が総則規定を設けるとともに，同法第８条第２項，第１２条第４項，第３５条第３項及び第４６条第４項が個別の手続に関する規定を設けている。当該手続の内容及びその管轄の規律は，次表のとおりである。

	手続の内容	管轄の規律（専属管轄）	根拠規定
(1)	仲裁地が定まっていない場合における裁判所の関与（第８条第１項）	申立人又は被申立人の普通裁判籍（最後の住所により定まるものを除く。）の所在地を管轄する地方裁判所	第８条第２項
(2)	裁判所による送達の決定（第１２条第２項）	①　第５条第１項第１号及び第２号に掲げる裁判所【下記(3)～(7)の①及び②】 ②　名あて人の住所等の所在地を管轄する地方裁判所	第１２条第４項
(3)	仲裁人の数の決定（第１６条第３項）	①　当事者が合意により定めた地方裁判所 ②　仲裁地（一の地方裁判所の管轄区域のみに属する地域を仲裁地として定めた場合に限る。）を管轄する地方裁判所 ③　当該事件の被申立人の普通裁判籍の所在地を管轄する地方裁判所	第５条第１項第１号～第３号
(4)	仲裁人の選任（第１７条第２項～第５項）		
(5)	仲裁人の忌避（第１９条第４項）		
(6)	仲裁人の解任（第２０条）		
(7)	仲裁廷の仲裁権限の有無についての判断（第２３条第５項）		
(8)	裁判所による証拠調べの実施（第３５条）	①　第５条第１項第２号に掲げる裁判所【上記(3)～(7)の②】 ②　尋問を受けるべき者若しくは文書を所持する者の住所若しくは居所又は検証の目的の所在地を管轄する地方裁判所 ③　申立人又は被申立人の普通裁判籍の所在地を管轄する地方裁判所（上記①及び②に掲げる裁判所がない場合に限る。）	第３５条第３項
(9)	仲裁判断の取消し（第４４条）	（上記(3)～(7)と同じ）	
(10)	仲裁判断の執行決定（第４６条）	①　第５条第１項各号に掲げる裁判所【上記(3)～(7)の①～③】 ②　請求の目的又は差し押さえることができる債務者の財産の所在地を管轄する地方裁判所	第４６条第４項

　なお，モデル法は，仲裁援助及び監督のため一定の職務を行う裁判所その他の機関の定め方について，各国の仲裁法に委ねる趣旨の規定を設けている（同法第6条）。

3　基本的な考え方

　前記2のとおり，我が国の仲裁法は，仲裁関係事件手続に関し，事物管轄を地方裁判所に一本化しつつ，土地管轄については，原則として，当事者の意思の尊重及び被申立人の便宜の観点から，①当事者が合意により定めた地方裁判所（同法第5条第1項第1号），②特定の都道府県及び市町村が仲裁地として定められていた場合のその仲裁地を管轄する地方裁判所（同項第2号），③被申立人の普通裁判籍の所在地を管轄する地方裁判所（同項第3号）としている。

　このような規律の下，各都道府県に単位弁護士会等により裁判外紛争解決機関が設置され，一定程度仲裁手続が利用されていること，仲裁関係事件手続における専門技術性の程度は事案によって様々であると考えられることに鑑み，現行法上の土地管轄の規律はそのまま維持する必要があると考えられる。実際，直近5年間に我が国の裁判所に係属した仲裁関係事件のうち，東京地方裁判所又は大阪地方裁判所で審理されたものは半数程度にとどまっていることを踏まえると，東京地方裁判所又は大阪地方裁判所以外の地方裁判所に管轄を認めるべきニーズも一定程度あるものといえる。

　他方，国際商事仲裁のような専門技術性の高い事件を念頭に，外国語資料の訳文添付の省略（試案第3の3参照）を認めるなど，裁判所における専門的な事件処理態勢を構築し，手続の一層の適正化及び迅速化を可能とする観点も重要である。

　以上を踏まえ，試案第3の1では，現行法上の土地管轄の規律は維持しつつ，東京地方裁判所又は大阪地方裁判所にも競合管轄を認めるとの規律を設けることが提案されている。

　なお，部会においては，仲裁関係事件手続の申立件数は非常に少ないため，ノウハウが蓄積されず，当事者にとっても裁判所にとっても時間と労力がかかることから，仲裁関係事件手続の管轄を集約する方向で見直すべきであり，外国語資料の訳文添付の省略を広く実現するなど，十分な事件処理態勢を構築するためには，東京地方裁判所又は大阪地方裁判所にも競合管轄を認めることでは足りず，東京地方裁判所又は大阪地方裁判所の専属管轄とすべきであるとの意見もあった。

4　具体的な規律の内容

⑴　管轄裁判所の特例

　試案第3の1⑴では，仲裁地が日本国内にある場合において，仲裁法第5条第1項の規定により管轄裁判所が定まらないときは，最高裁判所規則で定める地を管轄する地方裁判所（東京地方裁判所が想定されている。民事訴訟規則第6条の2，人事訴訟規則第2条参照)に管轄権を認める旨の規律を設けることが提案されている。

　モデル法第1条第2項や仲裁法第3条第1項の規律を前提とすると，仲裁地が日

本国内にある場合における仲裁判断の取消しの申立て等の手続については，日本の仲裁法のみが適用されることから，当該手続については，日本が最も密接な関係を有する地であると考えられるものの，規定上，土地管轄があるとされる管轄裁判所が日本国内に存在しない場合が考えられる。この点に関し，部会では，現在の実務において，仲裁合意において仲裁地を「日本」とだけ定め，特定の都市名等が定められていない事例も一定程度存在するとの実情が紹介された。

そこで，国際仲裁を活性化させ，仲裁地として日本を選択してもらいやすくすることも踏まえ，仲裁地が日本国内にある場合において，仲裁法第５条第１項の規定により管轄裁判所が定まらないときは，日本国内のいずれの裁判所が管轄権を有するかを定めておく必要が高いと考えられることから，管轄裁判所の特例として，上記規定により管轄裁判所が定まらないときに限り，最高裁判所規則で定める地を管轄する地方裁判所に管轄権を認める旨の規律を設けることが提案されている。

なお，仲裁法第５条第１項に基づく管轄が専属管轄とされていることから，試案第３の１(1)の規律に基づく管轄についても，専属管轄とされている。このような例として，人事訴訟法第４条第１項及び第２項がある。

(2)　競合管轄

試案第３の１(2)では，仲裁法第５条第１項に規定する事件について，当該事件の被申立人の普通裁判籍の所在地を管轄する地方裁判所（同項第３号）に応じて，東京地方裁判所又は大阪地方裁判所にも競合管轄を認めるとの規律を設けることが提案されている。

この規律が提案されている趣旨は，前記３のとおり，現行法上の土地管轄の規律を維持しつつ，国際商事仲裁のような専門技術性の高い事件を念頭に，外国語資料の訳文添付の省略を認めるなど，裁判所における専門的な事件処理態勢を構築し，手続の一層の適正化及び迅速化を図ろうとするものである。

なお，試案第３の１(2)の競合管轄の規律は，国際，国内を問わず，全ての仲裁関係事件手続に適用されることから，特に，国内の事案においては，被申立人の管轄の利益を害するおそれがある。そのような場合を念頭に，試案第３の２において，移送に関する規律も併せて提案されている。

5　引き続き検討すべき事項

部会においては，試案第３の１(1)又は(2)の規律よりも広く，東京地方裁判所又は大阪地方裁判所において仲裁関係事件手続を取り扱うことが可能となるような規律について，引き続き検討すべきであるとの意見もあった。

具体的には，仲裁地が「京都」と定められており，仲裁関係事件手続の被申立人の普通裁判籍が日本国内にない場合については，試案第３の１(1)又は(2)の規律の適用がないため，管轄裁判所は京都地方裁判所のみとなるところ，このような場合について

も，国際仲裁の活性化の観点から，外国語資料の訳文添付の省略など，今後裁判所において構築される専門的な事件処理態勢を活用すべき必要性が高いものと考えられることから，例えば，競合管轄の規律を設けるのであれば，当該事件の被申立人の普通裁判籍の所在地を管轄する地方裁判所（仲裁法第5条第1項第3号）のみならず，当事者が合意により定めた地方裁判所（同項第1号）や仲裁地を管轄する地方裁判所（同項第2号）も基準とすることも一案ではないかとの意見があった。

　ただし，このような意見に対しては，当事者間において，仲裁関係事件手続に関する管轄の合意又は日本国内の特定の地域を仲裁地として定める合意がされているのであれば，これらの合意に基づく管轄を認めることとすれば足りるとの意見があった。

　なお，前記2の表のとおり，仲裁関係事件手続の類型は多岐にわたるところ，管轄の規律を見直すに当たっては，その要否を個別に検討する必要があると考えられる。例えば，執行決定の申立てに係る事件について，仲裁地が日本国外にあり，仲裁法第46条第4項所定の財産所在地が東京又は大阪にないときには，当該財産所在地を管轄する地方裁判所にのみ管轄権が認められる場合があることから，財産所在地を基準とする競合管轄の規律を設けることが考えられる。

2　仲裁関係事件手続における移送

　　仲裁法第5条において，同条第3項の規律に加え，次のような規律を設ける。
　（注）

　　裁判所は，この法律の規定により裁判所が行う手続に係る事件がその管轄に属する場合においても，相当と認めるときは，申立てにより又は職権で，当該事件の全部又は一部を第2項の規定により管轄権を有しないこととされた裁判所に移送することができる。

　（注）この規律を新設する場合には，仲裁法第44条第3項及び第46条第5項を削るなど，所要の整備を行うことが考えられる。

（補足説明）
1　試案の趣旨

　　試案第3の2では，仲裁法第5条において，新たに裁量移送に関する規律を設けることが提案されている。
2　移送の規律を設ける必要性

　　仲裁法は，管轄裁判所間の移送について，仲裁判断の取消し（同法第44条）や仲裁判断の執行決定（同法第46条）を求める申立てに関し，裁判所が相当と認めるときは，申立てにより又は職権で，当該事件の全部又は一部を他の管轄裁判所に移送することができる旨の規律（同法第44条第3項，第46条第5項）を設けている。

　しかしながら，試案第3の1⑵のとおり，東京地方裁判所又は大阪地方裁判所にも競合管轄を認めるのであれば，とりわけ仲裁関係事件手続の当事者がいずれも国内に所在する場合につき，被申立人の管轄の利益を害するおそれが生じ得る。この点につき，①仲裁法においては，同法第5条第3項のほかに仲裁関係事件手続一般について適用される移送に関する規律は設けられておらず，同法第10条により民事訴訟法の移送に関する規定が準用されるか否かは解釈に委ねられていること，②仲裁判断の取消しや仲裁判断の執行決定の申立てに係る事件以外にも，例えば，仲裁人の忌避や仲裁権限の有無に関する判断を求める申立てに係る事件など，紛争性が必ずしも低いとはいえない事件類型があることから，仲裁関係事件手続一般に適用される競合管轄の規律を設けるのであれば，それと併せて，裁判所の裁量に基づく管轄裁判所間での移送を可能とする規律を設ける必要があると考えられる。

3　規律の具体的内容

　仲裁法第5条第2項に優先管轄の規律が設けられていることを踏まえ，試案第3の2では，裁判所が相当と認めるときは，同項の規定により管轄権を有しないこととされた裁判所への移送を認める旨の規律を設けることが提案されている。このような例として，家事事件手続法第9条第2項第1号がある。

　また，試案第3の2では，「申立てにより又は職権で」移送することができるものとすることが提案されている。これは，①仲裁判断の取消し及び執行決定の申立てに係る事件について，仲裁法第44条第3項及び第46条第5項が，裁判所の職権による移送のみならず当事者の申立てによる移送も認めていること，②試案第3の1⑵のとおり，東京地方裁判所又は大阪地方裁判所に競合管轄を認める旨の規律を設けることとするのであれば，被申立人の管轄の利益を図る観点から，当事者（被申立人）の申立てによる移送を認めることが相当であるとの考え方によるものである。

　なお，試案第3の2のとおり，仲裁関係事件手続一般について移送に関する規律を設けることとするのであれば，仲裁判断の取消し及び執行決定の申立てに係る事件の移送に関する仲裁法第44条第3項及び第46条第5項を削るなど，所要の整備を行うことが考えられる。試案本文の（**注**）により，この趣旨が明らかにされている。

3　仲裁関係事件手続における外国語資料の訳文添付の省略

⑴　仲裁法第46条第2項を，次のように改める。

　　前項の申立てをするときは，仲裁判断書の写し，当該写しの内容が仲裁判断書と同一であることを証明する文書及び仲裁判断書（日本語で作成されたものを除く。）の日本語による翻訳文を提出しなければならない。ただし，裁判所は，相当と認めるときは，当事者の意見を聴いて，仲裁判断書の全部又は一部について日本語による翻訳文の提出を要しないものとすることができ

　　る。
　⑵　外国語で作成された書証の訳文添付について，次の規律を設ける。
　　　裁判所は，外国語で作成された文書を提出して書証の申出がされた場合に
　　おいても，相当と認めるときは，当事者の意見を聴いて，その文書の訳文を
　　添付することを要しないものとすることができる。

（補足説明）
　1　試案の趣旨
　　　仲裁手続については，我が国を仲裁地とするものであっても，当事者間において日
　　本語以外の言語（とりわけ英語）を使用するとの合意がされることが多く（日本商事
　　仲裁協会（JCAA）において平成28年から令和2年に申し立てられた国際仲裁事
　　件のうち，手続言語が英語の割合は57％とされている。），書証も英語で作成される
　　例も多くみられるところ，我が国の裁判所が関与する仲裁関係事件手続において外国
　　語資料を提出する際には，日本語の訳文添付が必要とされ，その翻訳のために時間と
　　費用を要することから，当該手続の迅速な進行を妨げ，ひいては我が国における国際
　　仲裁の活性化を妨げるおそれがあるとの指摘がある。
　　　そこで，試案第3の3では，当事者の負担軽減を図り，もって国際仲裁の活性化を
　　図る観点から，仲裁判断の執行決定を求める申立てにおいて，仲裁判断書の全部又は
　　一部につき，一定の場合にその訳文添付の省略を認めるとともに，外国語で作成され
　　た書証の訳文添付につき，一定の場合にその省略を認めることが提案されている。
　　　なお，試案第1の8⑵イにおいて，暫定保全措置の命令書についても，仲裁判断書
　　と同様の規律が提案されている（16頁参照）。
　2　裁判所法第74条の趣旨
　　　裁判所法第74条は，「裁判所では，日本語を用いる」と定めている。その趣旨は，
　　①裁判手続に関与する者が，各自異なった言語を用いると，相互に意思を十分疎通す
　　ることができず，裁判手続の公正を欠くおそれがあること，②裁判手続の公開が要請
　　されている場合には，傍聴人が手続の内容を理解することができず，公開の要請にも
　　とるおそれがあることから，裁判所の用語を日本語と定めることとしたものであると
　　されている。
　　　この規定に基づき，民事訴訟における訴状や準備書面については，当然に日本語を
　　使用しなければならないものとされているほか，民事訴訟規則第138条第1項によ
　　り，外国語で作成された文書を提出して書証の申出をするときは，取調べを求める部
　　分についてその文書の訳文を添付しなければならないものとされている。
　　　もっとも，裁判所法第74条は，外国語で作成された文書の証拠能力を当然に否定
　　するものではないとされており，また，民事訴訟法第228条第5項が，外国の官庁

又は公署の作成に係るものと認めるべき文書について，成立の真正に関する規定を準用していることから，民事訴訟においては，添付された日本語の訳文ではなく，外国語で作成された文書自体が証拠となるものとされている。

3　規律の具体的内容

⑴　仲裁判断及び暫定保全措置の執行決定を求める申立てに関する規律

仲裁法第46条第2項は，仲裁判断の執行決定を求める申立てをするときは，仲裁判断書（日本語で作成されたものを除く。）の日本語による翻訳文を提出しなければならないと定めている。この規定は，仲裁判断がその国の公用語で作成されていないときに，裁判所が，当事者に対し，仲裁判断を公用語に翻訳したものの提出を求めることができるとするモデル法第35条第2項の規律に対応したものである。もっとも，同項に関するモデル法注4によれば，モデル法の定める条件は最も厳格な基準を定めることを意図したものであり，各国の仲裁法においてこれよりも緩やかな条件を定めることはモデル法の趣旨に反するものではないとされている。

そうすると，前記2の理解をも踏まえると，裁判所法第74条の趣旨に反しない範囲であれば，日本語で作成されていない仲裁判断書であっても，一律に，その全部について日本語による訳文を添付させる必要はなく，仲裁法第46条第2項の規律を緩和する方向で見直すことが可能であると考えられる。具体的には，仲裁判断の執行決定を求める申立てについては，その申立ての趣旨を特定するため又は債務名義となる給付文言を特定するため，仲裁判断書のうち主文に相当する部分や仲裁判断の特定に必要となる部分（仲裁判断書の作成日，仲裁人及び当事者の氏名等が想定される。）については，日本語による訳文を添付することが求められる一方，仲裁判断書のうち理由に相当する部分について裁判所が当事者の意見を聴いた上で相当と認める場合には，訳文添付を要しないものとすることも許されるものと考えられる。また，例えば，執行決定の申立書に執行の対象となる給付文言が日本語で記載され，裁判所及び当事者においてその記載内容に問題がないとされたときなど，仲裁判断書の全部について訳文添付を省略することができる場合もあり得る。

そして，申立時において裁判所が争点との関連性を的確に判断することは困難であることから，裁判所が審理に当たっての必要性を踏まえ，訳文添付の省略の可否を判断することが相当であると考えられる。

以上を踏まえ，試案第3の3⑴では，仲裁判断書の全部又は一部につき，裁判所が相当と認めるときは，その訳文添付の省略を認めることが提案されている。

⑵　外国語で作成された書証の訳文添付に関する規律

前記2の理解を前提とすると，裁判所法第74条の趣旨に反しない範囲であれば，外国語で作成された文書について，訳文添付を省略しつつ，当該文書を証拠として取り調べることが許されるものと考えられる。すなわち，仲裁関係事件手続は，口

頭弁論を経ないですることができるものとされ（仲裁法第6条），一般的には非公開の手続で行われていることからすると，一定の場合に書証の訳文添付を省略することとしても，裁判手続の公開の要請にもとるおそれは小さいといえることから，裁判所法第74条の趣旨のうち前記②に反することはないものと考えられる。そうすると，裁判所法第74条の趣旨のうち前記①との関係で，裁判所及び当事者が，いずれも外国語で作成された文書の内容を理解することができ，裁判所が，手続の公正を欠くおそれがないと認める場合には，書証の訳文添付を省略することができると考えられる。

　そして，書証の訳文添付の省略についても，前記(1)と同様，裁判所が審理に当たっての必要性を踏まえ，その可否を判断することが相当であると考えられる。

　以上を踏まえ，試案第3の3(2)では，仲裁関係事件手続一般において，裁判所は，当事者の意見を聴いて，相当と認めるときには，書証の申出に際し，外国語で作成された文書の訳文を添付することを要しないものとすることができるとの規律を設けることが提案されている。この規律の下では，例えば，仲裁判断の取消しの申立てにおいて，仲裁判断書が書証として提出された場合についても，裁判所が相当と認めるときは，訳文添付の省略を認めることができることとなる。

第4　その他部会において検討された論点
1　オンラインの方法による口頭審理の実施
（説明）

　部会では，①仲裁法第32条第1項所定の口頭審理をオンラインの方法により実施することの可否や，②同条の規律を見直すことの当否についても検討された。

　まず，近年のIT化の進展等に伴い，インターネット接続環境下の任意の場所において，ウェブ会議用ソフトウェアを利用してビデオ通話を行う方法（いわゆるウェブ会議の方法）で実施することにより，実質において仲裁廷及び当事者らが一堂に会するのと同様の状態に置くことが可能となっていることから，口頭審理の機能は確保されているとの意見があった。また，モデル法の一部改正の際の議論においても，モデル法の改正を要せずとも，オンラインの方法により口頭審理を実施することは可能であるとの認識が共有されていたとの指摘もあった。奇しくも，現在，新型コロナウイルス感染症の感染拡大という世界規模の社会情勢の変化が生じ，オンラインの方法により口頭審理を実施する必要性が急激に高まっていることも相まって，現行仲裁法の下においても，オンラインの方法による口頭審理が解釈上許容されるとの意見が多くあった。

　そして，仲裁法第26条第1項は，仲裁廷が従うべき仲裁手続の準則は，この法律の公の秩序に関する規定に反しない限り，当事者が合意により定めるところによるこ

ととされており，また，同法第３２条第２項は，当事者間に別段の合意がある場合には，仲裁廷による口頭審理に関する同条第１項の規定は適用しないものとされている。これらの規定に照らせば，当事者が口頭審理をオンラインの方法により実施する旨を合意している場合（その旨の規定がある仲裁機関の仲裁規則に従う旨の合意がある場合を含む。）には，その合意に基づき，オンラインの方法により口頭審理を実施することができるものと考えられ，この点について，特段の異論はみられなかった。

　このような意見を踏まえ，部会では，主に，当事者の少なくとも一方が反対した場合におけるオンラインの方法による口頭審理に関する規律を設けることを念頭に，仲裁法第３２条の改正の当否についても検討されたが，意見の一致はみられなかった。改正に積極的な意見としては，オンラインの方法により口頭審理を実施することができることを明確にする必要があること，一方の当事者が引き延ばしを図るために反対している場合など，仲裁廷の判断により，口頭審理をオンラインの方法により実施することができるものとする必要があることから，その旨の明文の規律を設けるべきであるとの意見があった。これに対し，消極的な意見としては，仲裁法第３２条は，モデル法第２４条（なお，同条については，平成１８年の一部改正の際，改正の対象となっていない。）に対応するものであるところ，仲裁法第３２条を改正し，モデル法と異なる規定を採用した場合には，我が国の仲裁法がモデル法に対応していないとの評価を受けるおそれがあること，オンラインの方法による仲裁手続の実施を可能とするためには，各仲裁機関による仲裁規則の改正によることが相当であることから，仲裁法第３２条の改正については慎重に検討すべきであるとの意見があった。また，仲裁法上の口頭審理においては，当事者の仲裁廷に対する説明（主張）のみならず，第三者，当事者本人，鑑定人等の陳述の聴取等の手続が口頭で行われるところ，そのような手続が実施される際，いわゆるコーチング等の不正が行われるおそれがあること，当事者の防御権が侵害されるおそれがあることも踏まえると，仲裁廷の判断によって，口頭審理をオンラインの方法によって実施することには慎重であるべきであるとの意見があった。

　以上を踏まえ，試案では，この点についての規律の見直しは提案されていない。

２　仲裁関係事件手続における期日の呼出し

（説明）

　部会では，仲裁関係事件手続における期日の呼出しに関する規律を見直すことの要否についても検討された。

　仲裁関係事件手続に係る裁判は，原則として口頭弁論を経ないですることができるが（仲裁法第６条），仲裁判断の取消し及び執行決定の申立てに係る手続では，口頭弁論又は当事者双方が立ち会うことができる審尋の期日を経なければ，申立てについて

の決定をすることができないとされている(同法第４４条第５項，第４６条第１０項)。
これらの期日の呼出しは，国内法上，呼出状の送達，当該事件について出頭した者に
対する期日の告知その他「相当と認める方法」によってするとされており（同法第１
０条による民事訴訟法第９４条第１項の準用），例えば，普通郵便，電話，ファクシミ
リ等によってすることもできると考えられている。もっとも，国際法上は，裁判上の
文書の送付も国家による裁判権の行使であり，他国で自由に行えばその国の主権を侵
害しかねないとも考えられることから，実務では，外国に所在する者に対して呼出状
を送付する場合には，これを許容する名宛国との合意に基づいて行うという取扱いが
されている。具体的には，「民事又は商事に関する裁判上及び裁判外の文書の外国にお
ける送達及び告知に関する条約」（送達条約）の締約国で外国にいる者に対して直接に
裁判上の文書を郵送する権能（同条約第１０条(a)）の行使について拒否宣言をしてい
ない国等に所在する者に対しては，条約の枠組みに基づき郵便で呼出状を送付するこ
とができるが，そのような条約関係がない国に所在する者に対しては，名宛国に対し
て個別の応諾を求め，合意を取り付けた上で，これに沿った方法によって呼出状を送
付する必要があるとされている。

　部会では，このような実務の取扱いに関し，呼出状のように命令的，強制的ないし
権力的な効果を発生させる文書を裁判所から当事者に送付する行為は，いわゆる公権
力の行使に当たるため，外国に所在する者に対して呼出状を送付する場合には，個別
的又は包括的な取決め等により，名宛国の同意を取り付ける必要があるとの意見があ
った。これに対し，期日の呼出しは当事者に期日に出頭して自らの言い分を主張立証
する機会を与えるためにするものであり，当事者に何らかの行為を強制するものでは
ないため，呼出状の送付に権力的な性格が本当にあるのか，あるとしてそれが国際法
上禁止されるほどのものなのかについては，議論の余地があるとの意見もあり，意見
の一致をみなかった。このほか，期日の呼出しは仲裁関係事件手続に固有の問題では
なく，一般の民事訴訟手続にも波及し得る問題であることから，仲裁法制に関する部
会の枠組みで検討するのは難しいのではないかとの意見や，外国に所在する者に対し
ては，国際法上の観点だけでなく，手続保障の観点からも，送達以外の方法で期日の
呼出しをするのは難しいとの意見があった。

　以上を踏まえ，試案では，この点についての規律の見直しは提案されていない。

第２部　調停による和解合意の執行決定等に関する規律の創設

（基本的な視点）

１　国際調停を巡る現状

近年，国際仲裁の複雑化，長期化を背景として，国際的な商事紛争の解決手段として国際調停が世界的に注目を集めており，手続的にも仲裁（Arbitration）と調停（Mediation）との相互利用が図られている（調停を先行させて仲裁に移行する方法（Med-Arb）や仲裁を先行させて調停に移行する方法（Arb-Med）がある。なお，単に「調停」というときは，特に断りのない限り，裁判外で行われる調停を指す。）。そして，我が国においても，平成３０年，京都国際調停センターが設立されている。

このような流れの中で，国際調停の一層の利用促進のためには，仲裁判断と同様，調停による和解合意にも執行力を付与する必要があるとして，平成３０年１２月２０日，国際連合総会において，「調停による国際的な和解合意に関する国際連合条約（仮訳）」（シンガポール条約）が採択された。同条約は，商事紛争に関する調停により成立した当事者間の国際的な和解合意について，一定の要件を満たす場合に執行力を付与するなどの規律を設けるものであり，令和２年９月１２日に発効した（同日現在の署名国は米国や中国など５３か国，うち締約国はシンガポールなど６か国である。なお，我が国はいまだ締結していない。）。

２　調停による和解合意に対する執行力の付与に関する検討状況

我が国においては，調停による和解合意に対する執行力の付与について，主として，裁判外紛争解決手続の利用の促進に関する法律（平成１６年法律第１５１号。以下「ＡＤＲ法」という。）の制定時及び見直し時に議論がされた。そこでは，利用者等の動機付けや便宜の観点から執行力の付与に積極的な意見が述べられた一方，執行力の付与に消極的な立場から，濫用のおそれがあるとの指摘や，執行力の存在により利用者を萎縮させ，裁判外紛争解決手続の機能を阻害するとの指摘がされたことから，最終的には，今後も検討を続けるべき将来の課題とするものとされていた。

そうした中，令和２年７月に閣議決定された「成長戦略フォローアップ」において，「オンラインでの紛争解決（ＯＤＲ）の推進に向けて，民間の裁判外紛争解決手続（ＡＤＲ）に関する紛争解決手続における和解合意への執行力の付与……等の認証制度の見直しの要否を含めた検討……を２０２０年度中に進める」こととされた。

これを受けて，同年１０月，法務省大臣官房司法法制部において「ＯＤＲ推進検討会」が立ち上げられ，ＡＤＲ（ＯＤＲ）の利用促進に向けた論点の一つとして，ＡＤＲにおいて成立した和解合意に執行力を付与することの是非について検討が進められている。

3　検討の方向性

　国際調停の実効性を確保し，国際調停の活性化を図ることは国際仲裁の活性化に資するものと考えられることから，部会においては，調停による和解合意に対する執行力の付与についても調査審議の対象とされ，調停による和解合意に執行力を付与することの必要性及び許容性のほか，国内法制における議論の際に指摘された課題等，国内法制との整合性も含めた検討が行われた。

　検討の方向性としては，調停による和解合意に対して裁判所における決定手続によって執行力を付与する規律（注）を設けることを想定しつつ，具体的にどのような要件や手続を設ければ，懸念される弊害をできる限り排除できるかという観点から，個別の論点についての検討が進められた。

　また，上記のとおり，近時シンガポール条約が発効したことに照らし，我が国においても将来的に同条約を締結する可能性を視野に入れて，同条約の規律との整合性に配慮して国内法制を整備する必要があるとの考え方が示され，このような考え方について，特段異論はみられなかった。

　なお，部会では，シンガポール条約の締結の是非そのものについては，議論の対象とされていない。

（注）判決や裁判上の和解，裁判所の調停における合意等については，裁判所による執行決定手続を経ることなく執行力が付与される（民事執行法第22条第1号，第2号，第7号）。今般の新たな枠組みは，この点に差異が設けられている。なお，同様の執行決定手続を要するものとして，仲裁判断がある（同条第6号の2）。

【執行力を付与するための新たな枠組みのイメージ】

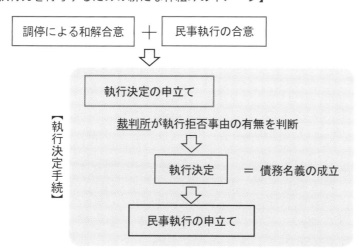

　　※　民事執行の申立てをするに当たって，裁判所による執行決定
　　　を得る必要がある点において，執行証書や即決和解と異なる。

１　定義

　　この法律（注）において，「調停」とは，その手続の名称や実施の原因にかかわらず，当事者が，一定の法律関係（契約に基づくものであるかどうかを問わない。）に関する民事上の紛争（当事者が和解をすることができるものに限る。）について，当事者に対して紛争の解決を強制する権限を有しない一人又は二人以上の第三者（以下「調停人」という。）の仲介により，和解による解決を試みる手続をいう。

（注）調停による和解合意に執行力を付与することとする場合に，その根拠となる法律を指して「この法律」と記載しているものであり，法制について予断するものではない。

（参考）シンガポール条約第２条第３項

　　「調停」とは，用いられている表現や手続実施の原因を問わず，当事者が，当事者に対して紛争の解決を強制する権限を有しない単独または複数の第三者（「調停人」という）の援助を受けて，紛争の友好的な解決に至るよう試みる手続をいう。

（補足説明）

１　試案の趣旨

　　試案１では，執行力を付与し得る和解合意の基礎となる「調停」の定義について，シンガポール条約第２条第３項及び「国際商事調停及び調停による国際的な和解合意に関するモデル法」（ＵＮＣＩＴＲＡＬが策定した国際商事調停モデル法を同条約の採択と併せて改正したもの。以下「調停モデル法」という。）第１条第３項を参考にした規律を設けることが提案されている。

２　前提となる「紛争」の定義

⑴　シンガポール条約及び調停モデル法の規定

　　シンガポール条約は，「調停」について，「用いられている表現や手続実施の原因を問わず，当事者が，当事者に対して紛争の解決を強制する権限を有しない単独又は複数の第三者（調停人）の援助を受けて，紛争の友好的な解決に至るよう試みる手続をいう」と定義し（同条約第２条第３項），文理上は，法律関係に関する紛争があることを要求していない。

　　これに対し，調停モデル法は，「調停」について，「調停，あっせん又はその他の類似の意味を持つ表現によると否とを問わず，当事者が（当事者に対して「紛争」の解決を強制する権限を有しない）単独又は複数の第三者（調停人）に対し，契約若しくはその他の法律関係から生じた紛争又はこれと関連する紛争につき，その友好的な解決の試みに対して援助を求める手続をいう」と定義し（調停モデル法第１条第２項及び第３項），当事者間において法律関係に関する紛争が存在する必要があ

ることが示唆されている。そして，調停モデル法がシンガポール条約の締約国にお
いてその実施法を整備する際の基礎として用いることができるものと位置付けられ
ていることからすれば，調停モデル法にシンガポール条約と矛盾する規律が含まれ
ているとは考え難く，シンガポール条約においても，当事者間に「契約若しくはそ
の他の法律関係から生じた紛争又はこれと関連する紛争」があることが前提となっ
ていると考えられる。

⑵　参考となる国内法の規律

　民事調停法は，裁判所における調停手続に関する規律を定めるものであるが，「調
停」の定義について直接の規定を設けてはいない。もっとも，その第１条において，
「この法律は，民事に関する紛争につき，当事者の互譲により，条理にかない実情
に即した解決を図ることを目的とする」と規定し，併せて，同法第２条において，
「民事に関して紛争を生じたときは，当事者は，裁判所に調停の申立てをすること
ができる」と規定している。そうすると，同法における調停手続が開始される時点
においては，当事者間に「民事に関する紛争」が生じていることが前提となってい
るものと考えられる。

　また，仲裁法は，仲裁合意について，「既に生じた民事上の紛争又は将来において
生ずる一定の法律関係（契約に基づくものであるかどうかを問わない。）に関する民
事上の紛争」の解決を仲裁人に委ね，かつ，その判断に服する旨の合意と定義し（同
法第２条第１項），併せて，仲裁手続の開始について，一方の当事者が他方の当事者
に対し，「特定の民事上の紛争」を仲裁手続に付する旨の通知をした日に開始すると
規定している（同法第２９条）。そうすると，遅くとも仲裁手続が開始される時点に
おいては，当事者間において，「一定の法律関係に関する特定の民事上の紛争」が存
在することが前提となっているものと考えられる。

⑶　規律の具体的内容

　以上を踏まえ，試案１では，前記⑴及び⑵の規律と整合的な規律を整備するとの
観点から，調停の前提となる「紛争」の範囲について，「一定の法律関係（契約に基
づくものであるかどうかを問わない。）に関する民事上の紛争」とする規律を設ける
ことが提案されている。

　また，仲裁法第１３条第１項が，仲裁合意は，「当事者が和解をすることができる
民事上の紛争（離婚又は離縁の紛争を除く。）を対象とする場合に限り」その効力を
有するとして，仲裁適格に関する規律を設けていることから，民間紛争解決手続の
定義を定めるＡＤＲ法第２条第１号の規律を参考に，調停適格に関する規律として，
「当事者が和解をすることができるものに限る」とする規律を設けることが提案さ
れている。

　なお，試案１の規律によると，例えば，当事者間で既に合意が成立している事項

に関し，執行力を付与するため，形式的に調停を利用して和解合意を成立させるような事案については，調停の前提となる「紛争」がないとも考え得るが，この点については，引き続き，解釈に委ねられるものと考えられる。

3　調停人の資格等

　裁判外で行われる調停については，調停人の選任の方法も含め，当事者の合意に基づいて手続が進められるため，当事者双方が，紛争解決の手段として調停手続によることを選択し，当該調停人が関与することを合意しているのであれば，当事者の手続的意思が反映されているといえる。仮に，そのような前提を欠くような場合には，裁判所による執行決定の手続において，事後的に審査がされることにより手続的正当性を確保することが可能であるから，調停人に何らかの資格等を要求する必要はないとの考え方がある。

　そして，シンガポール条約は，「調停人」について，「当事者に対して紛争の解決を強制する権限を有しない単独又は複数の第三者」と規定するのみで（同条約第2条第3項），調停人の資格や手続への関与の在り方については，特に規定を設けていない。

　そこで，試案1では，上記のような考え方に立ちつつ，シンガポール条約の規律との整合性を重視する観点から，調停人の資格等につき何ら制限を設けないことが提案されている。

2　適用範囲

【甲案－国際性を有する和解合意のみを適用対象とする案】

⑴　この法律は，民事上の紛争の解決を目的とする調停において成立し，書面によってされた当事者間の合意（以下「和解合意」という。）について適用する。ただし，和解合意の成立の時において，次に掲げる事由のいずれかがあるときに限る。

　①　当事者の全部又は一部が互いに異なる国に住所，事務所又は営業所を有するとき。

　②　当事者の全部又は一部が住所，事務所又は営業所を有する国が，和解合意に基づく義務の重要な部分の履行地又は和解合意の対象である事項と最も密接な関係がある地と異なるとき。

　③　当事者の全部又は一部が日本国外に住所又は主たる事務所若しくは営業所を有するとき（当事者の全部又は一部の発行済株式（議決権のあるものに限る。）又は出資の総数又は総額の百分の五十を超える数又は額の株式（議決権のあるものに限る。）又は持分を有する者その他これと同等のものとして別途定める者が日本国外に住所又は主たる事務所若しくは営業所を有するときを含む。）。

④　当該紛争に係る民事上の契約又は取引によって生ずる債権の成立及び効力について適用すべき法（当事者が合意により定めたものに限る。）が日本法以外の法であるとき。

⑵　前記⑴①及び②の適用において，当事者が二以上の事務所又は営業所を有するときの事務所又は営業所とは，和解合意の成立の時において，当事者によって知られていたか又は予期されていた事情に照らして，和解合意によって解決された紛争と最も密接な関係がある事務所又は営業所をいう。

【乙案－国際性を有する和解合意に限定せず，国内の事案も適用対象とする案】

乙1案

　この法律は，民事上の紛争の解決を目的とする調停において成立し，書面によってされた当事者間の合意（以下「和解合意」という。）について適用する。

乙2案

　甲案に，次の規律を加える。

⑶　この法律は，前記⑴の規定にかかわらず，認証紛争解決手続（裁判外紛争解決手続の利用の促進に関する法律（平成16年法律第151号）第2条第3号に規定する認証紛争解決手続をいう。）により成立した和解合意について適用する。（注）

（注）乙2案は，国際性を有しない和解合意につき，対象となる和解合意の範囲に一定の制限を設ける規律を提案するものであり，その一例として，認証紛争解決手続により成立した和解合意を対象とすることを記載しているが，その範囲について他の規律を設けることを排除するものではない。

（参考）シンガポール条約第1条第1項及び第2条第1項

第1条第1項

　本条約は，商事紛争の解決を目的とする調停の結果として生じ，当事者により締結され，書面に記載された合意（和解合意）であって，締結の時に，次の点において国際性を有するものについて適用される。

(a)　和解合意の当事者のうちの少なくとも2当事者が，異なる国に営業所を有する場合，または，

(b)　和解合意の当事者が営業所を有する国が，以下のいずれとも異なる場合

(ⅰ)　和解合意に基づく義務の重要な部分が履行される地

(ⅱ)　和解合意の対象事項と最も密接な関連を有する地

第2条第1項

　第1条第1項の適用において

(a)　当事者が2以上の営業所を有する場合の営業所とは，和解合意が締結された時点において当事者によって知られている，または予期されていた事情を考慮して，和解合意によって解決された紛争と最も密接な関連を有する地の営業所をいう。

　(b)　当事者が営業所を有しないときは，その当事者の常居所が関連を有するものとする。

（補足説明）

　1　試案の趣旨

　　試案2では，執行力を付与し得る和解合意について，シンガポール条約第1条第1項及び第2条第1項を参考に，国際的な性質を有する和解合意のみを対象とする規律【甲案】と，国際的な性質を有する和解合意に限定せず，国内の事案も対象とする規律【乙案】の両案が提案されている。そして，国内の事案も対象とする規律【乙案】については，調停機関等について特に限定しない規律【乙1案】と，一定の制限を設ける規律（【乙2案】。その一例として，認証紛争解決手続（いわゆる認証ADR）により成立した和解合意が挙げられている。）の両案が提案されている。

　2　シンガポール条約の規律

　　シンガポール条約は，UNCITRALが国際商取引法の漸進的な調和と統一を目的とする国際機関であることのほか，締約国の国内法制に干渉することを避けることから，執行力を付与し得る対象となる和解合意について，「国際性」を有するものに限定している（同条約第1条第1項）。そして，同条約は，この「国際性」の要件につき，和解合意の締結時において，①当事者のうち少なくとも二当事者が，異なる国に営業所を有する場合又は②当事者が営業所を有する国が，和解合意に基づく義務の重要な部分が履行される地又は和解合意の対象事項と最も密接な関連を有する地と異なる場合と定義している。

　3　調停による和解合意に執行力を付与することの正当化根拠

　　調停による和解合意が成立した場合は，それが当事者の真意に基づくものである限り，その当事者間における権利義務関係が相当程度の蓋然性をもって存在しているものと認めることができる上，その当事者は，当該和解合意の内容に実体法上拘束されることを受忍しているものと評価することができる。そして，第三者である調停人の関与の下で和解合意をした当事者が，その和解合意に基づいて民事執行をすることができるとの合意をするなど，訴訟手続によることなく調停手続による終局的な紛争解決を選択したものと評価することができる場合には，調停人の関与の下で合意をした内容に実体的正当性が認められる上，当該和解合意の成立に至る手続的正当性が認められるとの観点から，当該和解合意に執行力を付与することを許容し得るものと考えられる。

　　部会においては，このような考え方に対し，特段の異論はみられなかった。

　4　甲案－国際性を有する和解合意のみを適用対象とする案

　⑴　甲案の根拠

　　　シンガポール条約は，条約自体の性質から「国際性」の要件を設けることに合理

的な理由があるといえるが，我が国の国内法においても，同条約と同様に「国際性」の要件を設けるのであれば，「国際性」の有無によって和解合意の執行力の有無に差異を設けることについて，合理的な根拠が必要であると考えられる。

　まず，必要性の観点についてみると，我が国の現行法上，執行力を付与する代替手段として，執行証書（民事執行法第２２条第５号），即決和解（民事訴訟法第２７５条）等を利用する方法があるものの，「国際性」を有する和解合意が締結されるような事案については，使用言語等の観点から，これらの代替手段を利用することは容易でなく，また，このような事案については，和解合意の内容が任意に履行されなかった場合に改めて提訴することの負担も大きいことから，「国際性」を有する和解合意については，「国際性」を有しない和解合意と比較して，執行力を付与する必要性が高い。また，近時，シンガポール条約が発効するなど世界的に国際調停の有用性への関心が高まっているところ，我が国において国際調停を活性化させる観点のみならず，海外に進出する日本企業が国際調停を積極的に活用し得る環境を整える観点から，シンガポール条約と整合的な国内法を整備する必要性もある。加えて，国際商事の分野において調停が実施される場面では，多くの場合，一定額以上の商取引に関する紛争について，当事者双方に法曹有資格者等の専門家が手続代理人として選任され，そのような当事者が慎重かつ十分な検討を重ねた上で和解合意に至る蓋然性が高く，執行力を付与することにより懸念される弊害（注１）が類型的に小さいと考えられる。

　一方，国際商事以外の分野においては，様々な類型の紛争が想定されるところ，調停の実情も調停機関や調停人によって大きく異なり，当事者間の相対交渉による和解契約と区別することが難しいものも含まれ得ることから，執行力を付与し得る範囲に含めることの弊害が大きいとの意見や，仮に，ＡＤＲ法上の認証紛争解決手続により成立した和解合意に適用範囲を限定したとしても，前記弊害は必ずしも排除されるものではないとの意見もあった。

　これらの意見を踏まえると，執行力を付与し得る対象を「国際性」を有する和解合意に限定する【甲案】のような考え方があり得る。

（注１）部会においては，想定される「弊害」として，和解合意の成立が当事者の真意かつ終局的意思に基づくものではなく，当該和解合意の内容に実体的，手続的正当性が認められないにもかかわらず，強制執行がされるおそれがあること（調停手続を悪用して債務名義が作成されることを含む。）と整理されていた。

⑵　「国際性」の規律の内容

　「国際性」の要件を設けることとする場合，その要件を充足するか否かにより執行力の有無という重大な差異を設ける以上，「国際性」の該当性について明確かつ合理的な基準を設ける必要がある。

　　「国際性」の要件について，シンガポール条約第１条第１項と同内容の規律を前提とすると，外国企業を親会社に持つ日本企業同士が和解合意をした場合や，外国に営業所を有する日本企業が当該外国に営業所を有する外国企業との間で生じた紛争につき当該外国を義務履行地とする和解合意をした場合などが適用対象から除外されるおそれがあるため，適用範囲が狭いのではないかとの意見があった。

　　そこで，試案２(1)アでは，「国際性」の要件について，シンガポール条約第１条第１項の内容に相当する規律に加え，外国弁護士による法律事務の取扱いに関する特別措置法（昭和６１年法律第６６号。以下「外弁法」という。）第２条第１１号の２の規律（注２）を参考にした規律が提案され，シンガポール条約が対象とする和解合意よりも広い範囲の和解合意を適用対象とすることとされている。

（注２）外弁法第２条第１１号の２は，「国際調停事件」について，民事に関する調停事件（民事に関するあっせん事件を含み，民事上の契約又は取引のうち，その当事者の全部が法人その他の社団若しくは財団又は事業として若しくは事業のために当該民事上の契約若しくは取引の当事者となる個人であるものに関する紛争に係る事件に限る。）のうち，①当事者の全部又は一部が外国に住所又は主たる事務所若しくは本店を有する者であるもの（当事者の全部又は一部の発行済株式（議決権のあるものに限る。）又は出資の総数又は総額の百分の五十を超える数又は額の株式（議決権のあるものに限る。）又は持分を有する者その他これと同等のものとして法務省令で定める者が外国に住所又は主たる事務所若しくは本店を有する者であるものを含む。）又は②当該紛争に係る民事上の契約又は取引によって生ずる債権の成立及び効力について適用すべき法（当事者が合意により定めたものに限る。）が日本法以外の法であるものをいうと定義している。

５　乙案－国際性を有する和解合意に限定せず，国内の事案も適用対象とする案

　(1)　乙１案の根拠

　　「国際性」を有する和解合意に執行力を付与する必要性が高いことはそのとおりであるとしても，国内の事案においてもその必要性が高いものはあり得るのであって，「国際性」の有無により執行力を付与し得るか否かについて差異を設けることは適当ではないとも考えられる。部会では，例えば，和解合意に基づく強制執行の必要性が現実化するのは，債務者において和解合意に基づく義務が履行されなかった場面であるところ，そのような場面に至った後に執行証書を作成することや，即決和解を利用することは困難であるから，いまだ不履行が生じていない段階で，将来の履行の不安を解消する手当てとして更なる費用や手間を要さざるを得ないとの意見や，我が国において裁判外紛争解決手続が利用される事案においては，紛争の額が比較的小さいものが一定程度含まれていることを踏まえると，代替手段を利用するための更なる金銭的負担をかけずに執行力を付与する必要性が高いとの意見があ

った。また，執行力の存在により，長期の分割払いを内容とする和解合意をしやすくなるなど紛争解決の選択肢を広げることが可能となることや，任意の履行を促進するなどの効果を期待することができることから，調停による和解合意を有用な紛争解決手段として機能させるため，執行力を付与する必要性は高いとも考えられる。

　さらに，和解合意に執行力を付与することを正当化するためには，当該和解合意が当事者の真意かつ終局的な意思に基づくものであることが必要であるところ，調停人の関与により当事者が慎重かつ十分な検討を重ねて和解合意に至る蓋然性が高まることをもってこれを担保するのであれば，「国際性」の有無により執行力の有無を区別する合理的理由はないと考えられる。そして，調停による和解合意に執行力を付与することの弊害は，「国際性」の有無にかかわらず一定程度存在するところ，試案３のとおり，消費者紛争，個別労働関係紛争，家事紛争といった一定の紛争類型を適用範囲から除外した上，類型的に和解合意の真正性に疑義が生じる事由を執行拒否事由として規定し，個別の事案に応じ，裁判所の関与する執行決定手続（注）において当該事由があることが立証された場合等に執行を拒否することができるとの枠組みを設けることによって，その弊害をできる限り排除し得る（例えば，錯誤があるなど和解合意の内容に実体的正当性が認められない場合や，調停人が手続の公正な実施を妨げるなど手続が公序に反する場合などは，執行が拒否され得る。64頁以下参照）のであるから，このような規律を設けてもなお「国際性」を有しない和解合意のみに弊害が存するとはいい難いと考えられる。さらに，【乙１案】については，国内を仲裁地とする仲裁判断と国外を仲裁地とする仲裁判断について共に執行力を付与し得るものとする現行仲裁法の立場と整合的であると考え得ることや，「国際性」を有しない和解合意に執行力の付与を一律に否定しない点において個別の事案に応じた柔軟な対応を可能とすることも，その立場を支える根拠となり得る。

　以上を踏まえると，国際性を有する和解合意に限定せず，国内の事案も適用対象とする【乙１案】のような考え方もあり得る。

（注）公証人が作成した執行証書（民事執行法第２２条第５号）や，簡易裁判所における即決和解（民事訴訟法第２７５条）は，裁判上の和解，裁判所の調停における合意と同様，裁判所による執行決定手続を経ることなく執行力が付与される（民事執行法第２２条第５号及び第７号参照）。

⑵　乙２案の根拠

　これに対し，前記のとおり，「国際性」を有しない和解合意については，紛争の類型や当事者の特性等に様々なものが含まれることが想定され，調停の実情も調停機関や調停人によって大きく異なり，当事者間の相対交渉による和解契約と区別することが難しいものも含まれ得るとの事実認識を前提とすると，試案３のとおり，一定の紛争類型を適用範囲から除外した上，執行拒否事由や裁判所の関与する手続を

設けたとしてもなお弊害が残り得るとも考えられる。このような評価を前提にすると，「国際性」を有しない和解合意については，「国際性」を有する和解合意とは別に，執行力を付与し得る範囲を限定する【乙２案】のような考え方もあり得る。

　部会では，我が国においてはＡＤＲ法上の認証制度が定着しつつあるところ，ＡＤＲ法上の認証制度は，国民に安心して利用することのできる手続の選択の目安を提供するものであるから，その趣旨からすれば，認証紛争解決手続により成立した和解合意に限って執行力を付与し得ることとすべきであるとの考え方が示された。そして，ＡＤＲ法により，認証紛争解決事業者は，手続実施者が紛争当事者と利害関係を有することその他の民間紛争解決手続の公正な実施を妨げるおそれがある事由がある場合において，当該手続実施者を排除するための方法を定めることとされていること（同法第６条第３号）や，手続実施者が弁護士でない場合において，手続の実施に当たり法令の解釈適用に関し専門的知識を必要とするときに，弁護士の助言を受けることができるようにするための措置を定めることとされている（同条第５号）ほか，暴力団員等の使用が禁止され（同法第１５条），紛争当事者に対する説明義務（同法第１４条）や手続実施記録の保存義務（同法第１６条）等を負うことからすると，認証紛争解決手続においては手続の公正かつ適正な実施が一定程度担保されているから，認証紛争解決手続により成立した和解合意に限り執行力を付与し得る対象とすることで，懸念される弊害を除去できるとも考えられる。

　もっとも，ＡＤＲ法上の認証制度は，国民に安心して利用することのできる手続の選択の目安を提供すること，弁護士又は弁護士法人でない者でも民間紛争解決手続を実施することのできる例外的措置及び時効の完成猶予効等の法的効果を付与する措置を講ずることを主眼としており，そのような観点から適格性が確保されているにすぎないから，ＡＤＲ法上の認証の有無によって執行力を付与し得るか否かという重大な差異を設けることは相当でないという意見や，弁護士以外の者が調停人として関与した認証紛争解決手続により成立した和解合意には執行力が付与され得るにもかかわらず，弁護士が調停人として関与していても認証紛争解決手続でない場合には執行力が付与されないというのは適当でないとの意見もあった。

　このような意見を踏まえ，部会においては，「国際性」を有しない和解合意について執行力を付与し得る対象を一定の範囲に限定する規律を念頭に置きつつも，認証紛争解決手続により成立した和解合意は飽くまで一例にすぎず，法曹有資格者等が調停人として関与した和解合意も対象とするなどの考え方も示されたことから，【乙２案】はそのような他の規律を設けることを排除するものではないものとして提案されているものであり，試案本文の(注)により，その趣旨が明らかにされている。

（参考）「ＯＤＲ推進検討会」で実施されたアンケート結果の概要

　　「ＯＤＲ推進検討会」においては，ＡＤＲ機関に対し，「執行力に関するアンケート」が実施された（令和2年11月）。同アンケートについては，合計153事業者（うち認証ＡＤＲ機関は120事業者）が回答した。

○　紛争当事者に対する事前相談や手続教示等の際に，履行確保の点に不安があることがＡＤＲを選択されない理由であると感じた経験の有無
　　　あり（22事業者）／なし（91事業者）

○　調停手続において，和解成立後に金銭給付等の履行を約束する内容の和解条項を作成したことの有無
　　　あり（93事業者）／なし（46事業者）
　　　「あり」とした事業者は，上記のような和解条項を作成した場合に，履行を確保するために行った取組として，執行証書を作成する方法（14事業者），即決和解を利用する方法（7事業者），和解に基づく仲裁判断を利用する方法（9事業者）を挙げている。

○　調停による和解合意に執行力が付与されることとなった場合に予想される受理件数の変化
　　　増える（46事業者）／減る（0事業者）／変わらない（55事業者）

○　和解が成立した事案において，その後，当事者から和解条項のとおりに履行されないとの相談又は苦情を受けた経験の有無
　　　あり（23事業者）／なし（113事業者）

○　調停における和解合意に執行力を付与することについての賛否
　　・　無条件で執行力を付与することに賛成（24事業者）
　　・　一定の条件の下に執行力を付与することに賛成（89事業者）
　　・　執行力を付与することには反対（27事業者）

○　執行力を付与するために必要と考える主な条件（複数回答可）
　　・　和解合意の双方当事者が執行力を付与することに合意し，その旨が和解契約書に記載されていること（60事業者）
　　・　裁判所の執行決定を経ることを要件とするなど，一定の公的な機関による事後的な審査を要件とする（28事業者）
　　・　一定の類型の紛争や合意内容（例えば，消費者が事業者に債務を負う内容の和解をする場合など）を外す（13事業者）

○　調停による和解合意に執行力を付与することに反対する主な理由（複数回答可）
　　・　調停による和解合意に執行力を付与するニーズがない（6事業者）
　　・　執行証書，即決和解等の代替手段が存在しているため，調停による和解合意に執行力を付与する必要がない（15事業者）
　　・　私的自治や任意性が重視されるべきＡＤＲ機関における調停には，執行力はなじまない（25事業者）
　　・　執行力を付与することにより，応諾率や和解成立率が低下するおそれがある（7事業者）
　　・　悪質な事業者が無知な消費者をだまして和解合意をさせるようないわゆる濫用事例が発生する可能性がある（4事業者）

3　一定の紛争の適用除外

　　この法律は，次に掲げる紛争に関する調停により成立した和解合意については適用しない。（注１）

①　消費者（消費者契約法（平成１２年法律第６１号）第２条第１項に規定する消費者をいう。）と事業者（同条第２項に規定する事業者をいう。）との間の契約に関する民事上の紛争（注２）

②　個別労働関係紛争（個別労働関係紛争の解決の促進に関する法律（平成１３年法律第１１２号）第１条に規定する個別労働関係紛争をいう。）

③　人事に関する紛争その他家庭に関する紛争（注３）

（注１）本文３は，前記本文２においていずれの案を採用したとしても，①ないし③に掲げた紛争に関する調停により成立した和解合意について，一律に適用除外とするものであるが，乙案を採用した場合には，①又は③に掲げた紛争について，国際性の有無により異なる規律を設けるとの考え方もある。

（注２）消費者紛争に関する和解合意につき，一定の範囲又は要件の下，執行力を付与する対象とすることについて，引き続き検討する。

（注３）家事紛争に関する和解合意につき，とりわけ扶養義務等の履行確保の観点から，一定の範囲又は要件の下，執行力を付与する対象とすることについて，引き続き検討する。

（参考）シンガポール条約第１条第２項

　　本条約は，以下の和解合意には適用されない。

　(a)　当事者の一方（消費者）が，個人，家族，または家庭用として関与する取引から生じた紛争を解決するために締結したもの

　(b)　家族法，相続法または雇用法に関するもの

（補足説明）

１　試案の趣旨

　　試案３では，シンガポール条約第１条第２項を参考に，消費者紛争，個別労働関係紛争及び人事に関する紛争その他家庭に関する紛争（以下「家事紛争」という。）を適用対象から除外するとの規律が提案されている。

　　なお，試案３の規律は，試案２においていずれの案を採用したとしても，消費者紛争，個別労働関係紛争及び家事紛争に関する調停により成立した和解合意について，執行力を付与し得る対象から一律に除外するものであるが，シンガポール条約上適用対象から除外されているこれらの紛争類型との関係では同条約との整合性に配慮する必要は高くないものと考えられることから，部会では，仮に【乙案】を採用した場合に，「国際性」を有しない和解合意についてのみ，我が国における実情に応じ，消費者

紛争又は家事紛争について，一定の範囲又は要件の下，執行力を付与し得る対象とする規律を設けるなど，「国際性」の有無により異なる規律を設けるとの考え方が示されたことから，試案本文の（**注１**）において，この点が明らかにされている。

2　シンガポール条約の規律

シンガポール条約は，「商事」紛争をその適用対象としつつ，①当事者の一方（消費者）が，個人，家族又は家庭用として関与する取引から生じた紛争を解決するために締結したもの，②家族法，相続法又は雇用法に関するものを適用対象から除外している（同条約第１条第１項及び第２項）。同条約にこのような規定が設けられたのは，前記のとおり，ＵＮＣＩＴＲＡＬが国際商取引法の漸進的な調和と統一を目的とする国際機関であることに加え，商事性を有しない紛争を対象とすると，強制執行の場面において，各国固有の法的な文化や公序とより衝突しやすいことのほか，当事者間の潜在的な力の不均衡や一定の状況における弱者保護の必要性があること，また，特に家事紛争については，ハーグ国際私法会議において関連する条約が作成されていることにも配慮したものであるとされている。

3　「商事」に関する紛争

シンガポール条約の規律に倣うのであれば，消費者紛争，個別労働関係紛争及び家事紛争に関する調停により成立した和解合意を適用除外とする規律を設けるだけでなく，併せて，「商事」に関する紛争に関するものであることを積極的な要件とすることも考えられる。しかしながら，同条約には「商事」の内容を定義した規定がなく，調停モデル法においても「『商事』という語は，契約から生じるものであるか否かを問わず，商事的性格を有する全ての関係から生じる事項を包含するよう，広く解釈されなければならない」と注記されるにとどまっている。

他方，我が国の国内法における「商事」の用例は多義的であり（商法第１条参照。なお，同条の規定によっても，「商事」の外縁は明確でない。），ある紛争が「商事」に関する紛争に当たるか否かの判断は必ずしも容易でない。

これらを踏まえると，このような曖昧な概念に基づく区別により執行力の有無が異なり得るものとすることは，法的安定性や予測可能性の観点から相当でないと考えられること，我が国の法律において，シンガポール条約が適用対象とする「商事」に関する紛争の範囲を過不足なく規律することは困難であることから，試案３では，「商事」に関する紛争であることを積極的な要件とすることとはされていない。

4　消費者紛争

調停による和解合意に執行力を付与することにより懸念される弊害は紛争類型によって違いがあり，とりわけ，当事者間の潜在的な力の不均衡等が想定される紛争類型においては，一般的に，当事者の真意に基づかない和解合意が成立するおそれが高くなることから，執行力を付与することの正当化根拠を欠くとともに，濫用のおそれも

大きくなると考えられる（注1）。したがって，我が国の国内法において，調停による和解合意に執行力を付与し得る制度を構想する場合に，当事者間の潜在的な力の不均衡等が想定される紛争類型について，執行力を付与し得る対象から除外することには，合理的な根拠があるものと考えられる。

こうした観点から検討すると，消費者紛争については，一般的に消費者と事業者との間に潜在的な力の不均衡等が想定されることから，消費者紛争に関する和解合意に執行力を付与し得ることについては慎重な検討を要するものと考えられ，部会では，この点について，特段の異論はみられなかった。そこで，試案3においては，シンガポール条約に倣い，消費者紛争については，一律に適用を除外することが提案されている（注2）。

これに対し，部会では，我が国のADRにおいては，少なくとも一方当事者が消費者である事案が一定割合を占めるとの現状に鑑み，消費者が債権者として事業者に対して義務の履行を求める内容の和解合意にのみ片面的に執行力を付与し得ることとしてはどうかとの意見や，和解合意の成立時に調停人の面前での執行受諾文言の記載を要求した上で執行力を付与し得ることとしてはどうかとの意見などがあった。

そこで，部会においては，消費者紛争に関する和解合意について一律に適用除外とするのではなく，一定の要件又は範囲の下，執行力を付与し得ることも検討の余地があるとしつつ，その規律の在り方等については，引き続き検討することとされた。試案本文の（**注2**）により，その趣旨が明らかにされている。

（注1）ADR法制定時等の議論においても，濫用のおそれがある紛争類型の例として，金融業者と消費者との間の紛争が指摘されていた。

（注2）仲裁法は，その附則において，当分の間の特例として，消費者と事業者との間において生ずる民事上の紛争を対象とする仲裁合意について消費者に無理由解除権を認め（附則第3条），将来において生ずる個別労働関係紛争を対象とする仲裁合意を無効としている（附則第4条）。しかしながら，これらの規律は，「将来において生ずる」消費者紛争及び個別労働関係紛争を対象とする「仲裁合意」についての特例であるところ，調停による和解合意が締結される場面は，既に紛争が生じていることが前提となるため，その状況が異なることに留意する必要がある。

5　個別労働関係紛争

個別労働関係紛争についても，一般的に，労働者と事業者との間に，交渉力や情報等の不均衡が想定されることから，個別労働関係紛争に関する和解合意に執行力を付与し得るものとすべきではないとの考え方に対しては，特段の異論はみられなかった。また，部会では，個別労働関係紛争についても労働者が債権者として使用者に対して義務の履行を求める内容の和解合意にのみ片面的に執行力を付与し得ることとしてはどうかとの考え方も示されたが，このような考え方を積極的に支持する意見はみられ

ず，なお消極的な意見が強かった。

　そこで，試案3では，個別労働関係紛争については，一律に適用を除外することが提案されている。

6　家事紛争

　家事紛争は，身分関係を形成又は変更し，その結果が当事者以外の第三者に効力を有するものであるという点において，公益性，後見性を有する紛争類型であるといえることから，当事者間の合意を根拠に一律に執行力を付与し得ることを許容してよいか問題となり得るとの意見や，具体的事案によっては当事者間に力の不均衡等が生じた状態で和解合意がされるおそれがあるとの意見があった。また，国際的な性質を有する家事紛争については，シンガポール条約が家事紛争を対象から除外した趣旨（各国固有の法的な文化や公序とより衝突が起こりやすいこと）が特に当てはまるといえることから，家事紛争については，類型的に，執行力を付与し得るものとする和解合意の対象から除外すべきであるとの考え方があり得る。そこで，試案3においては，シンガポール条約に倣い，家事紛争については，一律に適用を除外することが提案されている。

　他方，とりわけ，扶養義務等の履行が確保されることが子の利益の観点から重要な課題であるとの指摘がされており，民事執行法上も扶養義務等に係る金銭債権について様々な特例が設けられている（同法第151条の2，第152条第3項，第167条の15，第167条の16，第206条第1項）ことに鑑み，一部の家事紛争については，執行力を付与し得るものとする必要性が高い場面も想定されるため，適用対象から除外すべきでないとの意見もあった。

　そこで，部会においては，家事紛争に関する和解合意について一律に適用除外とするのではなく，一定の要件又は範囲の下，執行力を付与し得ることも検討の余地があるとしつつ，その規律の在り方等については，引き続き検討することとされた。試案本文の（注3）により，この趣旨が明らかにされている。

4　和解合意に基づく民事執行の合意

　この法律は，和解合意の当事者が当該和解合意に基づいて民事執行をすることができる旨の合意をした場合に限り，当該和解合意について適用する。

（参考）シンガポール条約第8条第1項(b)

　　締約国は次のことを宣言することができる。

　(b)　和解合意の当事者が本条約の適用に合意した限りにおいて，本条約を適用すること。

（補足説明）

1　試案の趣旨

　試案4では，和解合意に執行力を付与し得るか否かについては当事者の意思に委ねるとの観点から，和解合意の当事者が当該和解合意に基づいて民事執行をすることができる旨の合意をした場合に限り，執行力を付与し得るものとするとの規律を設けることが提案されている。

2　シンガポール条約の規律

　シンガポール条約は，「救済を付与すること（執行又は援用を許すこと）が当該和解合意の文言に反すること」を執行拒否事由の一つとして規定している（同条約第5条第1項(d)）。これにより，当事者が和解合意において同条約を適用しないことを明示的に合意（オプトアウト）したときは，同条約は適用されないこととなる。

　また，シンガポール条約は，締約国による留保に関し，締約国は「和解合意の当事者が本条約の適用に合意した限りにおいて，本条約を適用すること」を宣言することができるとも規定している（同条約第8条第1項(b)）。そのため，締約国がこの宣言をしている場合には，和解合意とは別に当事者が同条約を適用することを積極的に合意（オプトイン）したときに限り，同条約が適用されることとなる。

　このように，シンガポール条約は，和解合意の当事者が，明確に同条約の適用を排除した場合を除き，原則として，条約の規律に基づいて執行力が付与されることとする「オプトアウト」の方式と，和解合意の当事者が，同条約の適用を明確に合意した場合に限り，同条約の規律に基づいて執行力が付与されることとする「オプトイン」の方式の両方を定めている。

3　部会における議論

　執行力を付与することを正当化し得る実質的根拠を当事者間の合意に求めるとするならば，当事者において，紛争解決の手段として調停によることを選択し，その手続により終局的に紛争を解決する旨の合意，すなわち和解合意の内容そのもののみならず，この和解合意に基づく強制執行を受け入れることについても当事者（債務者）の明示的かつ積極的な意思にかからしめることで，より正当性を確保することができるものと考えられる。

　このような考え方を推し進めていくと，和解合意において，債務者が強制執行に服する旨の陳述が記載されていることまで要求すべきであるとの考え方もあり得る。実際，執行証書については，公証人の面前での執行受諾の意思表示（いわゆる執行受諾文言）が必要とされ（この意思表示は，債務者の公証人に対する単独の訴訟行為であるとされている。），この執行受諾の意思表示こそが，執行証書に執行力を与え得る重要な要素となっているとの指摘もある。

　しかしながら，シンガポール条約は，当事者のオプトインの合意の時期及びその態様につき何ら制限を設けていないにもかかわらず，我が国の国内法において，当事者の意思表示の方法を，和解合意に強制執行に服する旨の陳述を記載する方法に限定し

てしまうことには慎重な検討が必要であると考えられる。また，執行証書については，裁判所による執行決定の手続を経ることなく当然に債務名義となる点で，試案において構想されている制度とは違いがある。

　以上を踏まえ，試案4では，シンガポール条約のオプトイン留保の規定（同条約第8条第1項(b)）と整合的な規律とするとの観点から，当事者による意思表示の時期及びその態様を特に限定せず，当事者が和解合意に基づく民事執行に合意していると認められる場合に限り執行力を付与し得るとの規律を設けることが提案されている。

4　引き続き検討すべき事項
(1)　シンガポール条約に基づくオプトインの留保との関係
　　前記のとおり，シンガポール条約の締約国は，同条約第8条第1項(b)に基づき，オプトインの留保を宣言することができるところ，この宣言がされた場合は，和解合意の当事者において，同条約の規律に基づく和解合意に対する執行力の付与を求めるのであれば，同条約の全ての規律が適用されることに同意すること（オプトインの合意）が必要となる。

　　他方，試案4で提案されている民事執行の合意は，オプトインの合意と本質を同じくするものであると考え得るものの，厳密には，当事者が当該和解合意に基づく強制執行を受け入れることを合意しているにすぎず，和解合意をした各当事者において，和解合意の締結時に，シンガポール条約の全ての規律を想定し，同条約が適用されることを明確に合意したとまでいえるかについては疑問が残るとの評価もあり得ることから，オプトインの合意と試案4で提案されている民事執行の合意とは，完全に一致するものではないと考えられる。

　　このような理解に立つとすれば，将来的に日本がシンガポール条約を締結する場合においては，法制上の対応を検討する必要があると考えられる。

(2)　合意の時期及び態様
　　試案4の規律は，前記のとおり，シンガポール条約のオプトイン留保の規定（同条約第8条第1項(b)）と整合的な規律とするとの観点から，和解合意に基づく民事執行の合意の時期及びその態様について，特に限定がされていない。

　　そこで，この点に関し，民事執行の合意がされた時期と和解合意がされた時期との間にどの程度の隔たりがあるものまで許容され得るのか，仲裁合意と同様の発想から，調停機関が定めた規則を当事者間の合意として取り込むことを許容し得るのか，試案4で提案されている民事執行の合意をする場面において調停人の関与がなくてもよいのかといった点については，引き続き検討する必要があると考えられる。

(3)　合意の方式
　　試案4の規律は，和解合意に基づく民事執行の合意の方式を定めるものではないから，和解合意そのものとは異なり書面性は要求されないものと考えられる。

　　しかしながら，執行決定の申立てをするときは，当事者全員により署名された和
　解合意等を提出することが必要とされることとの関係で，書面性の要否等について
　別途検討する必要があると考えられる。

　5　一定の和解合意の適用除外
　　　この法律は，次に掲げる和解合意には適用しない。
　①　裁判所により認可され又は裁判所の手続において成立した和解合意であっ
　　て，その裁判所の属する国でこれに基づいて強制執行をすることができるも
　　の。
　②　仲裁判断としての効力を有する和解合意であって，これに基づいて強制執
　　行をすることができるもの。

（参考）シンガポール条約第1条第3項
　　　本条約は以下の和解合意には適用されない。
　(a)　和解合意が
　(i)　裁判所により承認され，または，手続係属中に裁判所の面前で締結され，
　(ii)　その裁判所の国で裁判として執行可能なもの。
　(b)　仲裁判断として記録され，かつ，執行可能なもの。

（補足説明）
　1　試案の趣旨
　　　試案5では，シンガポール条約第1条第3項を参考に，裁判上の和解や仲裁判断と
　しての効力を有する和解合意を適用対象から除外するとの規律を設けることが提案
　されている。
　2　シンガポール条約の規律
　　　シンガポール条約は，①裁判所により承認され又は手続係属中に裁判所の面前で締
　結された和解合意であって，その裁判所の国で裁判として執行可能なもの，②仲裁判
　断として記録された和解合意であって，執行可能なものを適用対象から除外している
　（同条約第1条第3項）。同条約にこのような規定が設けられたのは，「外国仲裁判断
　の承認及び執行に関する条約」（ニューヨーク条約）やハーグ国際私法会議において作
　成された「管轄合意に関する条約（仮訳）」（管轄合意条約），「民事又は商事に関する
　外国判決の承認及び執行に関する条約（仮訳）」（判決条約）など他の条約との重複や
　抵触を避けるためであるとされている。
　3　参考となる国内法の規律
　　　まず，裁判所の手続に関するものとして，民事訴訟手続において当事者間に裁判上
　の和解が成立した場合には和解調書の記載が確定判決と同一の効力を有するとされ（民

事訴訟法第２６７条），民事調停手続において当事者間に合意が成立した場合には調停調書の記載が裁判上の和解と同一の効力を有するとされている（民事調停法第１６条）。また，家事調停手続において当事者間に合意が成立した場合には調停調書の記載が確定判決等と同一の効力を有するとされている（家事事件手続法第２６８条第１項，第３９条，第７５条）。そして，これらの和解調書及び調停調書は，強制執行の開始に必要な債務名義とされている（民事執行法第２２条第７号）。

　次に，仲裁手続に関するものとしては，仲裁手続の進行中において，仲裁手続に付された民事上の紛争について当事者間に和解が成立したときは，当事者双方の申立てにより，仲裁廷が当該和解における合意を内容とする決定をすることができ，この決定は仲裁判断としての効力を有するとされている（仲裁法第３８条第１項及び第２項）。そして，仲裁判断は，仲裁地が日本国内にあるかどうかを問わず，我が国における仲裁判断の執行決定の手続を経ることにより，確定した執行決定のある仲裁判断に基づき，強制執行をすることができるとされている（同法第４５条，第４６条，民事執行法第２２条第６号の２）。

4　部会における議論

　前記のとおり，我が国の裁判所での手続又は仲裁手続（仲裁地が日本国内にあるかどうかを問わない。）における当事者間の和解ないし合意は，現行法制上の既存の枠組みの下で，これに基づく強制執行をすることができるものであり，今般の新たな枠組みの対象とする必要がないものといえる。

　他方，外国裁判所における裁判上の和解については，執行力を付与し得る対象となるのは当事者間の合意であって外国裁判所の判断そのものではないから，執行力を付与し得る対象とすることも考え得るとの意見があったほか，外国の行政機関が実施した調停による和解合意（注）は執行力が付与され得る対象となるにもかかわらず，外国裁判所における裁判上の和解が対象とならないのはバランスを欠くのではないかとの意見もあった。

　しかしながら，この点に関しては，「裁判上の和解」といっても各国の法制度により様々な内容のものが含まれ得ると考えられるところ，我が国においても，裁判所が調停に代わる決定をした場合に，その決定に異議の申立てがなく確定したときは，その決定は裁判上の和解と同一の効力を有するとされている（民事調停法第１７条，第１８条第５項）など，当事者間の合意と裁判所の判断との区別が困難である場面が想定される。また，外国裁判所における裁判上の和解に関しては，将来的に，我が国が，ハーグ国際私法会議において作成された管轄合意条約や判決条約を締結する可能性があるとすれば，これらの条約の規律との整合性が問題となり得ることから，今般の新たな枠組みによって執行力を付与し得るものの対象に直ちに取り込むことには，なお慎重な検討を要するとも考えられる。

　　これらを踏まえ，試案５では，裁判上の和解（これと同一の効力を有するものを含む。）や仲裁判断としての効力を有する和解合意について，執行力を付与し得る和解合意の対象から除外するとの規律を設けることが提案されている。

（注）シンガポール条約は，行政機関が実施する調停を除外する規律を設けていないことから，試案５の規律においても，これに倣い，例えば，我が国の行政機関が実施する調停による和解合意を除くこととはされていない。

５　引き続き検討すべき事項

　　前記のほか，特に試案５①に関し，具体的にどのような和解合意を適用対象から除くのか，そのためにどのような規律を設けるのかについて，シンガポール条約第１条第３項(a)の趣旨を調査の上，更に検討する必要があると考えられる。

　　具体的には，シンガポール条約に基づいて裁判所が和解合意に執行力を付与した場合に，裁判所による「approved（承認／認可）」に当たるのか問題となり得る。この点については，一般的な文献等によれば，同条約に基づく執行力の付与は裁判所による「承認／認可」には当たらない（仮に当たるとすると，ある国で同条約に基づいて執行力が付与された和解合意は，同条約の適用対象から除外され，他の国で同条約に基づいて執行力を付与し得なくなるが，そのような帰結は同条約の趣旨に照らして相当でない。）と説明されている。

　　また，シンガポール条約第１条第３項(a)にはその裁判所の国で「as a judgment（裁判／判決として）」執行可能なものとの限定が付されているところ，試案５①にもこのような限定を付す必要があるか否かについて，更に検討することが考えられる。

６　書面によってされた和解合意

⑴　和解合意は，その内容が何らかの方式で記録されているときは，書面によってされたものとする。

⑵　和解合意がその内容を記録した電磁的記録（電子的方式，磁気的方式その他人の知覚によっては認識することができない方式で作られる記録であって，電子計算機による情報処理の用に供されるものをいう。）によってされたときは，その和解合意は，書面によってされたものとする。

⑶　電磁的記録については，当事者又は調停人の同一性を確認し，当該電磁的記録に含まれる情報に関する当事者又は調停人の意思を明らかにする方法が使用されており，かつ，その方法が，関連する合意を含むあらゆる事情に照らして，当該電磁的記録の作成又は伝達のために適切であると信頼することのできるものであるか又は上記の機能を事実上満たすと認められるときに，当該和解合意は当事者又は調停人によって署名されたものとする。

（参考）シンガポール条約第2条第2項及び第4条第2項
　第2条第2項
　　　和解合意は，その内容がなんらかの形で記録されている場合には，「書面性」を有するものとする。和解合意の書面性の要件は，後から参照するためにアクセス可能な情報が含まれている場合には，電子的通信によっても充足される。
　第4条第2項
　　　電子的通信に関しては，以下の場合に，和解合意が当事者により署名された，または，該当するときは調停人により署名された旨の要件を満たすものとする。
　（a）　ある方法が，電子的通信内の情報において，当事者または調停人の同一性確認，及び当事者または調停人の意思を明らかにするために用いられていること。かつ，
　（b）　その方法が，
　　（i）　関連する合意を含む全ての状況を考慮して，作成または通信という目的において適切に信頼できるものであり，または，
　　（ii）　前記(a)記載の機能を実際上満たしていることが，それ自体あるいは他の証拠と併せて明らかになること。

（補足説明）
　1　試案の趣旨
　　　試案6では，シンガポール条約第2条第2項，第4条第2項を参考に，和解合意の「書面性」及び「署名」の要件に関する規律を設けることが提案されている。
　2　シンガポール条約の規律
　　　シンガポール条約においては，調停による和解合意は「書面」によってされたものでなければならず（同条約第1条第1項，第2条第2項），また，和解合意の当事者が権限機関に執行を申し立てる際には，当事者全員（及び調停人）により「署名」された和解合意（の「書面」）を提出するものと規定している（同条約第4条第1項）。そして，同条約は，この「書面性」の要件について，和解合意の内容が何らかの形式で記録されている場合には「書面」によってされたものであると認め，また，事後的にアクセスして参照することができる情報として含まれている場合には，電子的通信によっても「書面性」の要件が充足されると規定している（同条約第2条第2項）。さらに，同条約は，「署名」の要件について，和解合意が電子的通信によってされた場合には，①当事者又は調停人の同一性を確認し，当該電子的通信内の情報に関する当事者又は調停人の意思を明らかにする方法が用いられており，かつ，②その方法が，関連する合意を含む全ての状況を考慮して，作成又は通信という目的において適切であると信頼することができるものであるか又は上記①の機能を実際上満たしていることが，それ自体あるいは他の証拠と併せて明らかになる場合には，「署名」されたものと認められると規定している（同条約第4条第2項）。
　3　仲裁合意の書面性等

　　仲裁法においては，仲裁合意は「書面」によってしなければならないとされ（同法第13条第2項），仲裁合意が電磁的記録によってされたときは，当該仲裁合意は「書面によってされたものとみなす」とされている（同条第4項）。また，部会では，仲裁合意の「書面性」に関する規律について，改正モデル法の規律に明確に対応させるため，現行の仲裁法第13条を改正し，新たに，「仲裁合意は，その内容が何らかの方式で記録されているときは，仲裁合意が口頭，行為又はその他の方法により締結されたとしても，書面によるものとする。」との規律を設けることが提案され，この点について特段異論はみられなかった（26頁参照）。

　　なお，仲裁法では，仲裁判断をするには仲裁判断書の作成が必要であり，これに仲裁判断をした仲裁人が署名しなければならないとされ（同法第39条第1項），仲裁判断に基づいて執行決定を求める申立てをするときには，仲裁判断書の写しを提出することが必要とされている（同法第46条第1項及び第2項）。

４　試案の内容

　　調停による和解合意に基づく強制執行を許すに当たっては，当該和解合意の内容が明確になっている必要があることから，和解合意が何らかの方式で記録されていることが必要であると考えられる。また，調停による和解合意に執行力を付与し得るためには，当該和解合意の成立に至る正当性が担保されている必要があるところ，当事者及び調停人の署名を要求することにより，当事者及び調停人において，和解内容を十分に理解した上，慎重さをもって合意に至ったとの実体的，手続的正当性を担保するものとなると考えられる。そして，このような趣旨からすれば，試案6(2)及び(3)の規律を満たす電磁的記録であれば，「書面性」及び「署名」の要件を満たすものということができ，かつ，調停の手続については，その柔軟性から，当事者のニーズに合わせてIT機器等を用いた運用上の工夫がされていることから，このような調停実務にも対応し得るよう，電磁的記録による和解合意を可能とする規律を設けることが望ましいと考えられる。

　　以上を踏まえ，和解合意の書面性等に関し，仲裁合意に関する規定も参考にしつつ，試案6のような規律を設けることが提案されている。

７　和解合意の執行決定

⑴　和解合意に基づいて民事執行をしようとする当事者は，債務者を被申立人として，裁判所に対し，執行決定（和解合意に基づく民事執行を許す旨の決定をいう。）を求める申立てをすることができる。

⑵　前記⑴の申立てをするときは，当事者全員により署名された和解合意，当該和解合意が調停により成立したものであることを証明するもの（当該和解合意における調停人の署名，調停人が署名した証明書，調停を実施した機関

による証明書その他裁判所が相当と認めるものをいう。）及び和解合意（日本語で作成されたものを除く。）の日本語による翻訳文を提出しなければならない。（注1）

⑶　前記⑴の申立てを受けた裁判所は，当該和解合意に関する他の申立てが他の裁判所，仲裁廷又はその他の権限ある機関に対してもされており，それが前記⑴の申立てに影響を及ぼし得る場合において，必要があると認めるときは，前記⑴の申立てに係る手続を中止することができる。この場合において，裁判所は，前記⑴の申立てをした者の申立てにより，他の当事者に対し，担保を立てるべきことを命ずることができる。

⑷　前記⑴の申立てに係る事件は，次に掲げる裁判所の管轄に専属する。（注2）
　①　当事者が合意により定めた地方裁判所
　②　当該事件の被申立人の普通裁判籍の所在地を管轄する地方裁判所
　③　請求の目的又は差し押さえることができる債務者の財産の所在地を管轄する地方裁判所

⑸　前記⑷の規定により二以上の裁判所が管轄権を有するときは，先に申立てがあった裁判所が管轄する。

⑹　裁判所は，前記⑴の申立てに係る事件の全部又は一部がその管轄に属しないと認めるときは，申立てにより又は職権で，これを管轄裁判所に移送しなければならない。

⑺　裁判所は，前記⑴の申立てに係る事件がその管轄に属する場合においても，相当と認めるときは，申立てにより又は職権で，当該事件の全部又は一部を他の管轄裁判所に移送することができる。

⑻　前記⑴の申立てに係る事件についての前記⑹又は⑺の規定による決定に対しては，即時抗告をすることができる。

⑼　裁判所は，後記8の規定により前記⑴の申立てを却下する場合を除き，執行決定をしなければならない。

⑽　裁判所は，口頭弁論又は当事者双方が立ち会うことができる審尋の期日を経なければ，前記⑴の申立てについての決定をすることができない。

⑾　前記⑴の申立てについての決定に対しては，即時抗告をすることができる。

（注1）一定の要件の下，訳文添付の省略を認める規律を設けるとの考え方もある。

（注2）「国際性」を有する和解合意に基づく執行決定の申立てについて，特別な管轄規律を設けるとの考え方もある。

（参考）シンガポール条約第4条第1項及び第3項並びに第6条
第4条

1　本条約に基づいて和解合意を援用しようとする当事者は，救済が求められている締約国の権限のある機関に対して，以下を提出しなければならない。
　(a)　当事者全員により署名された和解合意
　(b)　当該和解合意が調停から生じたものであることの証拠
　　　　例えば，
　(i)　当該和解合意上の調停人の署名，
　(ii)　調停人により署名された，調停が行われたことを示す書面，
　(iii)　調停を行った機関による証明書，または
　(iv)　上記(i)，(ii)または(iii)を欠く場合は，権限ある機関において受理可能なその他の証拠
2　（略）
3　和解合意が，救済が請求された締約国の公用語で記載されていない場合，権限ある機関は，公用語への翻訳を提供するよう求めることができる。
4・5　　（略）
第6条
　　和解合意に関する申立てまたは請求が，第4条に基づいて請求された救済に影響を及ぼし得る裁判所，仲裁廷またはその他の権限ある機関に対してされている場合は，当該救済が請求されている締約国の権限ある機関は，適当と認めるときは，その決定を延期することができ，また，一方当事者の申立てに基づき，他方当事者に相当な担保の提供を命じることができる。

（補足説明）
1　試案の趣旨
　　試案7では，調停による和解合意に執行力を付与するための規律として，シンガポール条約第4条第1項及び第3項並びに第6条を参考に，裁判所による執行決定の手続を必要とする規律を設けるとともに，仲裁判断の執行決定に関する仲裁法の規律（同法第46条）に倣い，所要の関連する規律を整備することが提案されている。
2　シンガポール条約の規律
　　シンガポール条約においては，調停による和解合意の執行手続について，申立人が，執行国の権限機関に対し，当事者全員により署名された和解合意及び当該和解合意が調停から生じたものであることを証明するものを提出しなければならないとされている（同条約第4条第1項）。そして，和解合意が執行国の公用語で記載されていない場合には，権限機関は，申立人に対し，公用語による翻訳文の提出を求めることができるとされている（同条第3項）。また，和解合意に関する申立て又は請求が，同条約第4条に基づいて請求された救済（執行又は援用）に影響を及ぼし得る裁判所，仲裁廷又はその他の権限機関に対しても並行してされている場合は，当該救済が請求されている締約国の権限機関は，適当と認めるときは，決定を延期することができ，また，当事者の申立てがあるときは，他の当事者に相当な担保の提供を命じることができるとされている（同条約第6条）。

3　仲裁判断の執行決定

　　仲裁判断に基づいて強制執行をしようとする申立人は，裁判所に対し，執行決定（仲裁判断に基づく民事執行を許す旨の決定をいう。）を求める申立てをすることが必要であり（同法第４６条第１項），その申立てに当たっては，仲裁判断書の写し，当該写しの内容が仲裁判断書と同一であることを証明する文書及び仲裁判断書（日本語で作成されたものを除く。）の日本語による翻訳文を提出しなければならないとされている（同条第２項）。また，並行する手続があった場合についても規定があり，仲裁判断の執行決定の申立てを受けた裁判所は，同法第４５条第２項第７号に規定する裁判機関（仲裁地が属する国（仲裁手続に適用された法令が仲裁地が属する国以外の国の法令である場合にあっては，当該国）の裁判機関）に対して仲裁判断の取消し又はその効力の停止を求める申立てがあった場合において，必要があると認めるときは，執行決定の申立てに係る手続を中止することができ，この場合において，裁判所は，執行決定の申立てをした者の申立てにより，他の当事者に対し，担保を立てるべきことを命ずることができるとされている（同法第４６条第３項）。

4　試案の内容

　　調停による和解合意に執行力を付与することを正当化し得る実質的根拠を当事者間の合意に求めるとするならば，和解合意が当事者の真意に基づくものと評価することができない場合には，当該和解合意に基づく強制執行を許すべきではないといえる。また，強制執行を行うことは国家機関が強制的に権利を実現することを意味することに鑑み，調停による和解合意の内容（実体的正当性）及びその成立に至る手続（手続的正当性）に照らし，我が国における強制執行を認めることが相当でないと認められる場合には，その強制執行を許すべきではないと考えられる。そこで，調停による和解合意に基づく強制執行を許すべきでない事由の有無について，裁判所の審査に委ねることが相当であるとの観点から，その強制執行を許すためには，裁判所による執行決定を要するものと考えられる。

　　そこで，試案７では，調停による和解合意に執行力を付与するための規律として，仲裁判断の執行決定についての規律を参考に，裁判所による執行決定の手続に関する規律を設けることが提案されている。

5　執行決定の申立てに係る事件の管轄，外国語資料の訳文添付の省略

　　試案７(2)及び(4)の規律については，執行力を付与し得る対象となる和解合意の範囲の定め方によっては，仲裁関係事件手続における管轄及び外国語資料の訳文添付の省略に関する規律と同様の規律を設けることの要否について検討する余地がある。試案本文の（注1）及び（注2）により，この趣旨が明らかにされている。

　　例えば，一定の要件の下，外国語資料の訳文添付の省略を認める規律を構想するのであれば，「国際性」を有する和解合意に基づく執行決定の申立てについては，東京地

方裁判所や大阪地方裁判所の専属管轄又は競合管轄とするとの考え方があり得る。

8   和解合意の執行拒否事由

裁判所は，前記7(1)の申立てがあった場合において，次に掲げる事由のいずれかがある場合（①から⑨までに掲げる事由にあっては，被申立人が当該事由の存在を証明した場合に限る。）に限り，当該申立てを却下することができる。

①   和解合意が，当事者の行為能力の制限により，その効力を有しないこと。

②   和解合意が，当事者が合意により和解合意に適用すべきものとして有効に指定した法令（当該指定がないときは，裁判所が和解合意について適用すべきものと判断する法令）によれば，当事者の行為能力の制限以外の事由により，無効であるか，失効しているか，又は履行不能であること。

③   和解合意が，それ自体の文言によれば，拘束力がないか，又は終局性がないこと。

④   和解合意が，事後的に変更されたこと。

⑤   和解合意に基づく義務が履行されたこと。

⑥   和解合意に基づく義務が明確でないか，又は理解することができないこと。

⑦   和解合意に基づく民事執行が当該和解合意の文言に反すること。

⑧   調停人に，調停人又は調停に適用される規範に対する重大な違反があり，当該違反がなければ当事者が当該和解合意をするに至らなかったこと。

⑨   調停人が，調停人の公正性又は独立性に疑いを生じさせるおそれのある事実を当事者に開示せず，当該不開示による重大又は不当な影響がなければ当事者が当該和解合意をするに至らなかったこと。

⑩   和解合意に基づく民事執行が，日本における公の秩序又は善良の風俗に反すること。

⑪   和解合意の対象である事項が，日本の法令によれば，和解合意の対象とすることができない紛争に関するものであること。

（参考）シンガポール条約第5条

1   第4条に基づいて救済が請求された締約国の権限ある機関は，救済請求の相手方当事者の申立てに基づき，その当事者が権限ある機関に対して次の事由を証明する場合に限り，救済の付与を拒否することができる。

(a)   和解合意の当事者の1人が，完全な行為能力を有しない状態であったこと。

(b)   援用対象とされた和解合意が，

(i)   当事者が有効に従う法，または，その指定がない場合には第4条に基づく救済の請求がされた締約国の権限ある機関によって適用されると想定される法によれば，無効であり，または履行をすることができないこと，

（ⅱ）　それ自体の文言によれば，拘束力がないこと，または，終局性がないこと，または，

（ⅲ）　後から修正されたこと。

(c)　和解合意における義務が，

（ⅰ）　履行されたこと，または，

（ⅱ）　明確でないこと，または，理解可能でないこと。

(d)　救済を付与することが当該和解合意の文言に反すること。

(e)　調停人または調停に対して適用される規範について調停人による重大な違反があり，その違反がなければ当該当事者は和解合意を締結しなかったであろう場合，または，

(f)　調停人が，当事者に対して，調停人の不偏性または独立性に正当な疑問を抱かせる事情を開示せず，かつ，そのような開示の懈怠が，当事者に，その懈怠がなければ当該当事者は和解合意を締結しなかったであろう重大な影響または不当な影響を与えたこと。

2　第4条に基づいて救済の請求がされた締約国の権限ある機関は，次のことを認める場合にも，救済の付与を拒否することができる。

(a)　救済の付与が，その締約国の公序に反する場合，または，

(b)　紛争の対象たる事項が，その締約国の法において，調停による和解が不可能なものであること。

（補足説明）

1　試案の趣旨

　　試案8では，シンガポール条約第5条を参考に，調停による和解合意の執行決定の手続において，裁判所が執行を拒否することができる事由についての規律を設けることが提案されている。

2　総論

　　シンガポール条約第5条は，調停による和解合意の執行拒否事由について定めている。そこで，試案8では，調停による和解合意の執行拒否事由について，仲裁判断の執行拒否事由の規律を参照しつつ，シンガポール条約の規律と同内容の規律を設け，裁判所は，執行拒否事由のいずれかがあると認める場合を除き，執行決定をしなければならないものとすることが提案されている。

　　シンガポール条約第5条は，執行拒否事由のうち，当事者による証明を要するもの（同条第1項）と裁判所による職権調査事項とするもの（同条第2項）とを区別していることから，試案8においても，前者（試案8①から⑨までに掲げる事由）と後者（同⑩及び⑪に掲げる事由）とが区別されている。

　　また，シンガポール条約第5条第1項及び第2項は，同項所定の執行拒否事由が認められる場合，権限機関が執行を拒否することができる（may refuse）と定めていることから，試案8においても，裁判所は，当該申立てを「却下することができる」ものとし，執行拒否事由が認められる場合であっても，当該執行拒否事由の性質等を踏まえ，裁判所の裁量により執行決定の申立てを却下しないこととする余地を認めること

とされている。なお，シンガポール条約第５条における執行拒否事由の性質について
は，例示列挙ではなく，限定列挙である（権限機関が執行を拒否することができる事
由を条文に列挙されている事由に限定するもの）と解されている。

3　個別の拒否事由

(1)　試案8①及び②について

　我が国の国際私法によりその当事者に適用される法令によれば（注），当事者の行
為能力が制限されている場合（試案8①）や，当事者が合意により和解合意に適用
すべきものとして有効に指定した法令又はそのような指定がないときは我が国の国
際私法により当該和解合意に適用される法令によれば，当該和解合意に当事者の行
為能力の制限以外の事由（例えば，和解合意に至る意思表示に詐欺や錯誤があった
場合）がある場合（試案8②）には，当該和解合意がもはや効力を有しないか，実
質的に執行力を付与する意味が失われているものと考えられることから，試案8に
おいては，これらを執行拒否事由とすることが提案されている。

　(注) 試案8は，「国際性」の有無により個別の拒否事由の理解が異なるものではない
　　　との考え方（後記4参照）を前提に，試案2においていずれの案を採用するかに
　　　かかわらず，同一の規律を設けることを想定している。

(2)　試案8③，④及び⑤について

　我が国の国際私法により当該和解合意に適用される法令によれば，当該和解合意
の文言自体から拘束力がないか又は終局性がないと認められる場合（試案8③）に
は，追って最終的な和解合意がされることが予定されており，中間的な和解合意に
執行力を付与する正当性があるとはいい難い。

　また，我が国の国際私法により当該和解合意に適用される法令によれば，当該和
解合意が事後的に変更されたと認められる場合（試案8④）や，当該和解合意に基
づく義務が既に履行されている場合（試案8⑤）には，執行決定時においては，当
事者間の実体的な権利義務関係に変動が生じていることから，もはや当該和解合意
に執行力を付与する正当性は失われているものと考えられる。

　以上を踏まえ，試案8においては，これらを執行拒否事由とすることが提案され
ている。

(3)　試案8⑥について

　我が国の国際私法により当該和解合意に適用される法令によれば，当該和解合意
に基づく義務が明確でないか又は理解することができないと認められる場合には，
執行が許される範囲が曖昧になり，債務者が不当な民事執行を受ける危険にさらさ
れるおそれがあると考えられる。また，執行決定をする裁判所が，執行の対象とな
る範囲を特定することができず，執行不能の状況に陥るおそれも考えられる。

　そこで，試案8⑥では，これらを執行拒否事由とすることが提案されている。

⑷　試案8⑦について

　　我が国の国際私法により当該和解合意に適用される法令によれば，当該和解合意
　が，その文言に照らして民事執行をすることができないものであると認められる場
　合（例えば，和解合意において，当該和解合意に基づく強制執行をすることはでき
　ないとの文言がある場合）には，当該和解合意に執行力を付与する正当性を欠いて
　いるものと考えられることから，試案8⑦においては，これを執行拒否事由とする
　ことが提案されている。

⑸　試案8⑧及び⑨について

　　調停人又は調停に適用される規範に重大な違反があり，当該違反がなければ当事
　者が当該和解合意をするに至らなかった場合（試案8⑧）や，調停人がその公正性
　又は独立性に疑いを生じさせるおそれのある事情を開示せず，当該不開示による重
　大又は不当な影響がなければ当事者が当該和解合意をするに至らなかった場合（試
　案8⑨）には，当該和解合意に執行力を付与する正当性を欠いているものと考えら
　れることから，試案8では，これらを執行拒否事由とすることが提案されている。

⑹　試案8⑩及び⑪について

　　調停による和解合意は，様々な内容のものが，様々な手続を経て成立しているこ
　とが想定されるところ，その和解合意の内容又は和解合意に至る手続が日本の公序
　良俗に反する場合（試案8⑩）や，和解合意の対象である事項が，日本の法令上，
　和解合意の対象とすることができない紛争に関するものである場合（試案8⑪）に
　は，日本における強制執行を許すことは相当でないと考えられる。なお，仲裁法に
　おいても同様の規定があり，仲裁判断の内容が，日本の法令上，仲裁合意の対象と
　することができない紛争に関する申立てであること，日本における公序良俗に反す
　ることが，執行拒否事由とされている（同法第45条第2項第8号及び第9号）。

　　以上を踏まえ，試案8においては，これらを執行拒否事由とすることが提案され
　ている。

4　「国際性」の有無による区別

　　なお，試案8の規律は，国際私法が指定した準拠法により執行拒否事由の有無を判
　断することを想定した規律となっていることから，部会においては，「国際性」を有し
　ない和解合意について，別途執行拒否事由に関する規律を設けるべきか否かについて
　も検討がされた。

　　この点に関し，国際私法（準拠法選択規則）は国際的私法関係にのみ適用され，国
　内的私法関係には適用されないとの解釈を前提とすれば，「国際性」を有しない和解合
　意については，準拠法上の観点を前提とした執行拒否事由に関する規律とは別の規律
　を設けることも考え得る。しかしながら，国際私法は，純然たる国内的私法関係をも
　規律の対象とするものであり，国際私法により内国法が準拠法として指定され，内国

法の適用範囲に属せしめられる結果となるとの解釈も有力に主張されているところ，このような考え方を前提とすれば，「国際性」を有しない和解合意についても，国際私法が指定した準拠法により執行拒否事由の有無を判断することになるから，別途執行拒否事由に関する規律を設ける必要はないと考えられる。

　また，試案２の【甲案】又は【乙２案】の規律を前提にすると，「国際性」を有しない和解合意であっても，準拠法が外国法となる可能性がある（例えば，日本国内に本店を有するＡ社のシンガポール支店と，同じく日本国内に本店を有するＢ社のシンガポール支店の間の取引に関する事案で，和解合意の義務履行地等もシンガポール国内にあり，かつ，当事者により準拠法が指定されていなかった場合には，【甲案】及び【乙２案】の(1)①から④までのいずれにも該当しないが，準拠法がシンガポール法になることがあり得る。）。したがって，国際私法の位置付けにつき前記いずれの考え方をとったとしても，「国際性」の有無により執行拒否事由を区別すべきでないとも考え得る。

　さらに，仲裁法制定時に，外国仲裁判断のみを対象としているニューヨーク条約の規律を前提に，外国仲裁判断と内国仲裁判断との承認・執行の規律を区別すべきか検討がされたものの，我が国の仲裁法は，外国仲裁判断と内国仲裁判断について同一の承認・執行の規律を設けることとし，執行拒否事由は区別されていない。

　以上を踏まえ，試案２につきいずれの案を採用するかにかかわらず，試案８の規律を設ける規律が提案されている。

9　和解合意の援用
　和解合意の援用については，特に規律を設けないものとする。

（補足説明）
1　試案の趣旨
　試案９では，シンガポール条約第３条第２項（調停による和解合意の「援用」）に対応する規律を設けないことが提案されている。
2　シンガポール条約の規律
　シンガポール条約は，当事者が，既に和解合意により解決したと主張する事項に関して紛争が生じた場合，締約国は，当事者に対して，その事項が既に解決済みであることを証明するため，その国の手続準則に従い，かつ，本条約に定められた条件に従って和解合意を援用することを許さなければならないと規定している（同条約第３条第２項）。そして，和解合意を援用するための要件について，和解合意の執行のための要件と共通の規律を設けている（同条約第４条及び第５条）。
　シンガポール条約における「invoke（援用する）」とは，当該事項が調停による和解合意により解決済みであることを証明するために，当事者が当該和解合意の準拠法上

の効果を主張し，権限機関がそのような法的効果を認めることを意味するものであると考えられる。そうすると，援用したことの効果として，締約国の権限機関は，調停による和解合意により解決された個別の事項について，改めて訴訟が提起された場合には，当該和解合意が存在することを根拠に，当該事項は調停による和解合意により解決済みであるとして，当該訴訟を却下又は棄却することができると考えられる。そして，援用にも拒否事由の規定（同条約第5条）が適用されることから，当事者が調停による和解合意を援用したとしても，締約国の権限機関が，拒否事由該当性を判断し，援用を拒否する場合があるといえる。

3　規律を設けないものとする理由

　前記のようなシンガポール条約における援用の意義，効果を前提とすると，我が国の現行法制下において，既に，調停による和解合意の援用が作用する場面は想定されていると考えられる。例えば，当事者間において何らかの紛争が生じ，当該紛争について調停による和解合意が成立した後，一方当事者が訴訟を提起した場合，当該訴訟の中で，相手方当事者から，当該紛争については既に和解合意が成立していることが抗弁として主張され，裁判所により当該事実が認定された場合には，我が国の手続規則及び当該和解合意の準拠法上の効果に従い，当該訴訟は却下又は棄却される。これに対しては，更に再抗弁が主張されることが想定される（なお，再抗弁事由となり得る範囲は，シンガポール条約に規定された権限機関が援用を拒否できる事由の範囲を超えることはないものと考えられる。）。

　そうすると，シンガポール条約においては，調停による和解合意の援用に関する規律が設けられているものの，シンガポール条約が想定する「援用」については，現行法の枠内において，和解合意の効果を覆滅させるものとして主張することができるものと考えられることから，調停による和解合意に執行力を付与し得ることとしても，特段の法整備を行うまでの必要はないものと考えられる。

　以上を踏まえ，試案9では，和解合意の援用に関する規律を設けないことが提案されている。

第3部　民事調停事件の管轄に関する規律の見直し

　　民事調停事件の管轄に関し，次の規律を設ける（注）。

　　知的財産の紛争に関する調停事件は，民事調停法第3条に規定する裁判所のほか，同条の規定（管轄の合意に関する規定を除く。）により次の各号に掲げる裁判所が管轄権を有する場合には，それぞれ当該各号に定める裁判所の管轄とする。

1　東京高等裁判所，名古屋高等裁判所，仙台高等裁判所又は札幌高等裁判所の管轄区域内に所在する簡易裁判所

　　東京地方裁判所

2　大阪高等裁判所，広島高等裁判所，福岡高等裁判所又は高松高等裁判所の管轄区域内に所在する簡易裁判所

　　大阪地方裁判所

（注）知的財産の紛争以外の紛争に関する調停事件の管轄等については，引き続き検討する。例えば，専門的な知見を要する〔専門的な知識経験が必要とされる〕事件を処理するために特に必要があると認められるときは，東京地方裁判所又は大阪地方裁判所に事件を移送することができるとの規律や，東京地方裁判所又は大阪地方裁判所において事件を自ら処理することができるとの規律を設けるとの考え方がある。

（補足説明）

1　現行法の規律

　　民事調停法は，裁判所における民事調停手続について，特別の定めがある場合（同法第24条，第26条，第32条，第33条の2，第33条の3等）を除いて，相手方の住所，居所，営業所若しくは事務所の所在地を管轄する簡易裁判所又は当事者が合意で定める地方裁判所若しくは簡易裁判所の管轄とすると定めている（同法第3条第1項）。したがって，当事者間に管轄の合意がない場合は，基本的に，地方裁判所には管轄が認められない（各種調停の管轄は次表のとおり）。

　　管轄権を有しない裁判所に調停が申し立てられたときは，事物管轄及び土地管轄を有する裁判所に事件を移送するのが原則であるが，事件処理のために特に必要があるときは，調停の申立てを受けた裁判所は，事物管轄については誤りがなく，土地管轄のみを誤った場合には，事件を移送しないで自ら処理することができ，また，土地管轄の規定にかかわらず，事件の全部又は一部を他の管轄裁判所（事物管轄は有するが土地管轄を有しない裁判所）に移送することができる（民事調停法第4条第1項）。また，裁判所がその管轄に属する事件を受理した場合においても，事件を処理するために適当であると認めるときは，土地管轄の規定にかかわらず，事件の全部又は一部を

他の管轄裁判所（事物管轄は有するが土地管轄を有しない裁判所）に移送することができる（同条第３項）。

調停の種類	民事調停法第３条の管轄		特別の定めによる管轄
民事一般調停	相手方の住所地等の簡裁	合意で定めた地裁・簡裁	
宅地建物調停 （第２４条）			物件所在地の簡裁 物件所在地の地裁（合意のあるとき）
農事調停 （第２６条）			農地所在地の地裁 農地所在地の簡裁（合意のあるとき）
商事調停 （第３１条）（注１）	相手方の住所地等の簡裁	合意で定めた地裁・簡裁	
鉱害調停 （第３２条）			損害発生地の地裁
交通調停 （第３３条の２）	相手方の住所地等の簡裁	合意で定めた地裁・簡裁	賠償請求者の住居所地の簡裁
公害等調停 （第３３条の３）	相手方の住所地等の簡裁	合意で定めた地裁・簡裁	損害発生地等の簡裁
特定調停 （注２）	相手方の住所地等の簡裁	合意で定めた地裁・簡裁	

（注１）民事調停法第３１条は，管轄の特則を定めるものではない。

（注２）特定債務等の調整の促進のための特定調停に関する法律第２２条による民事調停法第３条の準用

2　知的財産の紛争に関する調停事件の管轄

　　近時，東京地方裁判所及び大阪地方裁判所の知的財産権部において，当事者間の管轄合意を前提とした同部裁判官及び専門家調停委員による知的財産権に関する調停手続（知財調停）の運用が行われている。知財調停は，簡易，迅速，非公開かつ友好的な手続で知的財産に関する紛争の解決を図りたいという利用者のニーズに応えるものとして注目されている。内閣官房にて開催された「民事司法制度改革推進に関する関係府省庁連絡会議」の取りまとめである「民事司法制度改革の推進について」（令和２年３月１０日）においても，「知財調停のより一層の活用を図るため，当事者間の管轄

合意なく東京地方裁判所又は大阪地方裁判所に知財調停の申立てを可能とするための規律の見直しについて，実務の運用状況等を注視しつつ，（中略）引き続き前向きに検討する」こととされている。

　そこで，部会では，国際調停を取り巻く近時の状況にもみられるように，調停はもはや訴訟や仲裁を補完するだけのものではなく，これらと並び立つ紛争解決手続として位置付けられつつあるとの認識の下，裁判所における民事調停手続について，知的財産に関する紛争のように専門的な知見を要する複雑な事件への対応をも可能とする観点から，専門的な事件処理態勢を構築している東京地方裁判所又は大阪地方裁判所に競合管轄を認めることの当否についての検討が行われ，この点について，特段異論はみられなかった。

　そこで，試案では，民事訴訟法第6条，第6条の2を参考に，知的財産の紛争に関する調停事件（特許権，実用新案権，意匠権，商標権，回路配置利用権，著作者の権利，出版権，著作隣接権若しくは育成者権に関する紛争又は不正競争による営業上の利益の侵害に係る紛争等が想定され得る。）について，東京地方裁判所又は大阪地方裁判所に競合管轄を認めることが提案されている。

3　その他の調停事件の管轄等

⑴　部会で示された考え方

　　部会では，東京地方裁判所及び大阪地方裁判所には，医師や建築士等の様々な分野の専門家が多数所属しており，その中には当該分野でも相当高度な知見を有する専門家も相当数含まれていることが紹介され，そのような専門的知見をより積極的に活用する観点から，知的財産に関する紛争のみならず，例えば，医療，建築，商事，交通に関する紛争など，専門的知見が必要となるその他の調停事件についても，東京地方裁判所又は大阪地方裁判所の専門的知見を活用できるようにするための方策を検討してはどうかとの意見があった。

　　他方，これらの紛争全てにおいて高度な専門的知見が必要となるとはいい難く，一律に競合管轄の規律を設けることには慎重であるべきと考えられ，対象となる紛争の範囲をどのように限定することが相当であるか，当事者のニーズや両裁判所において活用できる専門的知見の内容等に裏付けられた明確かつ適切なものとすることができるかといった点については，更なる検討が必要であるとの意見もあった。

　　以上を踏まえ，部会では，知的財産の紛争以外の紛争については，専門的知見が必要となる事件類型の特定は難しく，時代によっても変わり得ること，また，事件処理に必要な専門的知見の内容も事案によって異なり得ることから，事件類型を定めて管轄の規律を設けるのではなく，移送の規律を設けることにより，個々の事件において柔軟に対応することが望ましいとの考え方が示された。また，当事者間で管轄の合意が得られない場合において，専門的な知見を要する事件を当初から東京

地方裁判所又は大阪地方裁判所に申し立てることにも需要があるため，両裁判所に申立てがあった場合の自庁処理の規律を設けることも検討してはどうかとの意見もあった。

　そこで，試案本文の**（注）**では，知的財産の紛争以外の紛争に関する調停事件の管轄等について，引き続き検討するとしつつ，その一例として，移送の規律を設けるとの考え方や，自庁処理の規律を設けるとの考え方があることが示されている。

⑵　引き続き検討すべき事項

　さらに進んで，部会では，移送の規律を設けるとしても，職権での移送を認めることについては慎重に検討する必要があるとの意見があったほか，職権での移送を認める場合には，当事者の意見聴取の規律を設けることについても検討する必要があるとの意見があった。

　また，自庁処理の規律を設けることの当否については，意見が分かれた。消極的な立場からは，移送の規律であれば，当該事案において必要となる専門的知見の内容やそれに対応した専門家調停委員の有無を移送先の裁判所において確認した上で移送するという運用ができるのに対し，自庁処理の規律になると，そのような個別の事案に応じた運用が難しくなるとの意見があった。また，自庁処理の規律を根拠に多数の事件が東京地方裁判所又は大阪地方裁判所に申し立てられた場合，自庁処理の必要性の要件を緩やかに解し，自庁処理をする事件が多くなると，民事調停法が簡易裁判所を原則的な管轄裁判所とした趣旨との関係が問題となり得ること，逆に，自庁処理の要件を厳格に解し，管轄違いの移送をする事件が多くなると，かえって当事者にとって負担となるおそれがあるとの意見があった。

　このような考え方に対しては，民事調停法は土地管轄については既に自庁処理を認めており（同法第4条第1項ただし書），事物管轄についても一定程度緩和する素地があること（同法第22条第1項本文，非訟事件手続法第10条第1項，民事訴訟法第16条第2項本文），仮に，前記のような移送の規律を設けるとすれば，自庁処理の規律がないと，専門的な知見を要する事件が東京地方裁判所又は大阪地方裁判所に申し立てられた場合，一度管轄裁判所に移送してから再度東京地方裁判所又は大阪地方裁判所に移送することになり，更に当事者に負担がかかる結果になりかねないとの意見があった。

（参考１）

<h1>改正モデル法と中間試案の本文との対照表</h1>

第１ 暫定保全措置に関する規律
　１ 暫定保全措置の定義（類型）

改正モデル法	中間試案の本文
Article 17. Power of arbitral tribunal to order interim measures (1) Unless otherwise agreed by the parties, the arbitral tribunal may, at the request of a party, grant interim measures. (2)　An interim measure is any temporary measure, whether in the form of an award or in another form, by which, at any time prior to the issuance of the award by which the dispute is finally decided, the arbitral tribunal orders a party to: 　(a) Maintain or restore the status quo pending determination of the dispute; 　(b) Take action that would prevent, or refrain from taking action that is likely to cause, current or imminent harm or prejudice to the arbitral process itself; 　(c) Provide a means of preserving assets out of which a subsequent award may be satisfied; or 　(d) Preserve evidence that may be relevant and material to the resolution of the dispute.	【暫定保全措置の定義（類型）】 （仲裁法第２４条第１項） ⑴　仲裁廷は，当事者間に別段の合意がない限り，その一方の申立てにより，いずれの当事者に対しても，暫定保全措置を発することができる。 ⑵　仲裁法第２４条第１項に規定する暫定措置又は保全措置とは，仲裁判断があるまでの間，仲裁廷が当事者に対して一時的に次の各号に掲げる措置を講ずることを命ずるものをいう。 ①　仲裁手続に付された民事上の紛争の対象の現状を変更しない措置又はその現状が変更されたときはこれを原状に回復する措置 ②　現に生じ若しくは急迫した損害若しくは仲裁手続の円滑な進行の妨害を防止する措置又はこれらの損害若しくは妨害を生じさせるおそれのある行為をやめる措置 ③　仲裁判断を実現するために必要な財産を保全する措置 ④　仲裁手続に付された民事上の紛争の解決のために必要な証拠を保全する措置

　２ 暫定保全措置の発令要件に関する規律

改正モデル法	中間試案の本文
Article 17 A. Conditions for granting interim measures (1) The party requesting an interim measure under article 17(2)(a), (b) and (c) shall satisfy the arbitral tribunal that: 　(a) Harm not adequately reparable by an	【暫定保全措置の発令要件】 ⑴　前記１⑵①から③までの規定に基づく暫定措置又は保全措置の申立てをするときは，次の各号に掲げる事項を証明しなければならない。 ①　申立人に生ずる著しい損害を避けるため当

award of damages is likely to result if the measure is not ordered, and such harm substantially outweighs the harm that is likely to result to the party against whom the measure is directed if the measure is granted; and	該暫定措置又は保全措置を必要とすること。
(b) There is a reasonable possibility that the requesting party will succeed on the merits of the claim. The determination on this possibility shall not affect the discretion of the arbitral tribunal in making any subsequent determination.	②　本案について理由があるとみえること。
(2) With regard to a request for an interim measure under article 17(2)(d), the requirements in paragraphs (1)(a) and (b) of this article shall apply only to the extent the arbitral tribunal considers appropriate.	⑵　前記１⑵④の規定に基づく暫定措置又は保全措置の申立てについては，前記⑴各号の規定は，適用しない。

3　暫定保全措置の担保

改正モデル法	中間試案の本文
Article 17 E. Provision of security (1) The arbitral tribunal may require the party requesting an interim measure to provide appropriate security in connection with the measure.	【暫定保全措置の担保】 （仲裁法第２４条第２項） 　仲裁廷は，暫定措置又は保全措置の申立てをした当事者に対し，前項の暫定措置又は保全措置を発するについて、相当な担保を提供すべきことを命ずることができる。

4　予備保全命令

改正モデル法	中間試案の本文
Article 17 B. Applications for preliminary orders and conditions for granting preliminary orders (1) Unless otherwise agreed by the parties, a party may, without notice to any other party, make a request for an interim measure together with an application for a preliminary order directing a party not to frustrate the purpose of the interim measure requested. (2) The arbitral tribunal may grant a preliminary order provided it considers that prior disclosure of the request for the interim	【予備保全命令】 　特に規律を設けないものとする。

measure to the party against whom it is directed risks frustrating the purpose of the measure.

(3) The conditions defined under article 17A apply to any preliminary order, provided that the harm to be assessed under article 17A(1)(a), is the harm likely to result from the order being granted or not.

Article 17 C. Specific regime for preliminary orders

(1) Immediately after the arbitral tribunal has made a determination in respect of an application for a preliminary order, the arbitral tribunal shall give notice to all parties of the request for the interim measure, the application for the preliminary order, the preliminary order, if any, and all other communications, including by indicating the content of any oral communication, between any party and the arbitral tribunal in relation thereto.

(2) At the same time, the arbitral tribunal shall give an opportunity to any party against whom a preliminary order is directed to present its case at the earliest practicable time.

(3) The arbitral tribunal shall decide promptly on any objection to the preliminary order.

(4) A preliminary order shall expire after twenty days from the date on which it was issued by the arbitral tribunal. However, the arbitral tribunal may issue an interim measure adopting or modifying the preliminary order, after the party against whom the preliminary order is directed has been given notice and an opportunity to present its case.

(5) A preliminary order shall be binding on the parties but shall not be subject to enforcement by a court. Such a preliminary order does not constitute an award.

Article 17 E. Provision of security

(2) The arbitral tribunal shall require the party applying for a preliminary order to provide security in connection with the order unless the arbitral tribunal considers it inappropriate or unnecessary to do so.	

5　暫定保全措置等の変更等

改正モデル法	中間試案の本文
Article 17 D. Modification, suspension, termination 　The arbitral tribunal may modify, suspend or terminate an interim measure or a preliminary order it has granted, upon application of any party or, in exceptional circumstances and upon prior notice to the parties, on the arbitral tribunal's own initiative.	【暫定保全措置の変更等】 　仲裁廷は，当事者の申立てにより，仲裁法第２４条第１項の規定により発した暫定措置又は保全措置を取り消し，変更し又はその効力を停止することができる。ただし，仲裁廷は，特別の事情があると認めるときは，当事者にあらかじめ通知した上で，職権で，暫定措置又は保全措置を取り消し，変更し又はその効力を停止することができる。

6　事情変更の開示

改正モデル法	中間試案の本文
Article 17 F. Disclosure (1)　The arbitral tribunal may require any party promptly to disclose any material change in the circumstances on the basis of which the measure was requested or granted.	【事情変更の開示】 　仲裁廷は，いずれの当事者に対しても，暫定措置若しくは保全措置又はその申立ての基礎となった事実に係る重要な変更について，その速やかな開示を求めることができる。
(2) The party applying for a preliminary order shall disclose to the arbitral tribunal all circumstances that are likely to be relevant to the arbitral tribunal's determination whether to grant or maintain the order, and such obligation shall continue until the party against whom the order has been requested has had an opportunity to present its case. Thereafter, paragraph (1) of this article shall apply.	（特に規律を設けないものとする。）

7　暫定保全措置等に係る費用及び損害

改正モデル法	中間試案の本文
Article 17 G. Costs and damages 　The party requesting an interim measure or applying for a preliminary order shall be liable for any costs and damages caused by the measure or the order to any party if the arbitral	【暫定保全措置に係る費用及び損害】 ⑴　暫定措置又は保全措置をした後において，その要件を欠くことが判明したときは，仲裁廷は，いつでも，暫定措置又は保全措置の申立てをした当事者に対し，当該措置によって他の当事者に生じ

| tribunal later determines that, in the circumstances, the measure or the order should not have been granted. The arbitral tribunal may award such costs and damages at any point during the proceedings. | た全ての費用及び損害の賠償を命ずることができる。
⑵　前記⑴の命令は，仲裁判断としての効力を有する。 |

8　暫定保全措置の承認及び執行

改正モデル法	中間試案の本文
Article 17 H. Recognition and enforcement (1)　An interim measure issued by an arbitral tribunal shall be recognized as binding and, unless otherwise provided by the arbitral tribunal, enforced upon application to the competent court, irrespective of the country in which it was issued, subject to the provisions of article 17 I.	【暫定保全措置の承認及び執行】 ⑴ア　暫定措置又は保全措置（仲裁地が日本国内にあるかどうかを問わない。以下，この⑴及び⑵において同じ。）は、その効力を有する。ただし，当該暫定措置又は保全措置に基づく民事執行をするには，後記⑵による執行決定がなければならない。 ⑵ア　暫定措置又は保全措置に基づいて民事執行をしようとする当事者は，債務者を被申立人として，裁判所に対し，執行決定（暫定措置又は保全措置に基づく民事執行を許す旨の決定をいう。）を求める申立てをすることができる。
(2)　The party who is seeking or has obtained recognition or enforcement of an interim measure shall promptly inform the court of any termination, suspension or modification of that interim measure.	（特に規律を設けないものとする。）
(3)　The court of the State where recognition or enforcement is sought may, if it considers it proper, order the requesting party to provide appropriate security if the arbitral tribunal has not already made a determination with respect to security or where such a decision is necessary to protect the rights of third parties.	（特に規律を設けないものとする。）
Article 17 I. Grounds for refusing recognition or enforcement (1) Recognition or enforcement of an interim measure may be refused only: 　(a) At the request of the party against whom it is invoked if the court is satisfied that: 　　(i) Such refusal is warranted on the grounds set forth in article 36(1)(a)(i),	⑴イ　前記アの規定は，次に掲げる事由のいずれかがある場合（①から⑧までに掲げる事由にあっては，当事者のいずれかが当該事由の存在を証明した場合に限る。）には，適用しない。 　①　仲裁合意が，当事者の行為能力の制限により，その効力を有しないこと。

(ii), (iii) or (iv); or	②　仲裁合意が，当事者が合意により仲裁合意に適用すべきものとして指定した法令（当該指定がないときは，仲裁地が属する国の法令）によれば，当事者の行為能力の制限以外の事由により，その効力を有しないこと。
	③　当事者が，仲裁人の選任手続又は仲裁手続（暫定措置又は保全措置に関する部分に限る。以下④及び⑥において同じ。）において，仲裁地が属する国の法令の規定（その法令の公の秩序に関しない規定に関する事項について当事者間に合意があるときは，当該合意）により必要とされる通知を受けなかったこと。
	④　当事者が，仲裁手続において防御することが不可能であったこと。
	⑤　暫定措置又は保全措置が，仲裁合意若しくは当事者間の別段の合意又は暫定措置若しくは保全措置の申立ての範囲を超えて発せられたものであること。
	⑥　仲裁廷の構成又は仲裁手続が，仲裁地が属する国の法令の規定（その法令の公の秩序に関しない規定に関する事項について当事者間に合意があるときは，当該合意）に違反するものであったこと。
(ii) The arbitral tribunal's decision with respect to the provision of security in connection with the interim measure issued by the arbitral tribunal has not been complied with; or	⑦　仲裁廷が暫定措置又は保全措置の申立てをした当事者に対して相当な担保を提供すべきことを命じた場合において，その者が当該命令に違反したこと。
(iii) The interim measure has been terminated or suspended by the arbitral tribunal or, where so empowered, by the court of the State in which the arbitration takes place or under the law of which that interim measure was granted; or	⑧　暫定措置又は保全措置が仲裁廷（仲裁地が属する国（当該暫定措置若しくは保全措置に適用された法令が仲裁地が属する国以外の国の法令である場合にあっては，当該国）の法令によりその権限を有する場合には，当該国の裁判所）により取り消され，又はその効力を停止されたこと。
(b) If the court finds that:	
(i) The interim measure is incompatible	⑨　暫定措置又は保全措置が日本の法令によって執行することができないものであるこ

with the powers conferred upon the court unless the court decides to reformulate the interim measure to the extent necessary to adapt it to its own powers and procedures for the purposes of enforcing that interim measure and without modifying its substance; or

  (ii) Any of the grounds set forth in article 36(1)(b)(i) or (ii), apply to the recognition and enforcement of the interim measure.

(2) Any determination made by the court on any ground in paragraph (1) of this article shall be effective only for the purposes of the application to recognize and enforce the interim measure. The court where recognition or enforcement is sought shall not, in making that determination, undertake a review of the substance of the interim measure.

と。（注）

（注）本文8⑴イ①から⑪までの規律は，いずれも暫定保全措置が効力を有しないこととなる事由で，かつ，執行決定の申立てを却下することができる事由として提案するものであるが，同⑨の規律については，執行決定の申立てを却下することができる事由としてのみ定めるとの考え方もある。

⑩　仲裁手続における申立てが，日本の法令によれば，仲裁合意の対象とすることができない紛争に関するものであること。

⑪　暫定措置又は保全措置の内容が，日本における公の秩序又は善良の風俗に反すること。

【執行決定を求める申立てに係る手続に関する規律の整備】

⑵イ　前記アの申立てをするときは，暫定措置又は保全措置の命令書の写し，当該写しの内容が暫定措置又は保全措置の命令書と同一であることを証明する文書及び暫定措置又は保全措置の命令書（日本語で作成されたものを除く。）の日本語による翻訳文を提出しなければならない。ただし，裁判所は，相当と認めるときは，当事者の意見を聴いて，暫定措置又は保全措置の命令書の全部又は一部について日本語による翻訳文の提出を要しないものとすることができる。

ウ　前記アの申立てを受けた裁判所は，暫定措置又は保全措置の取消し，変更又はその効力の停止を求める申立てがあったことを知った場合において，必要があると認めるときは，前記アの申立てに係る手続を中止することができる。この場合において，裁判所は，前記アの申立てをした者の申立てにより，他の当事者に対し，担保を立てるべきことを命ずることができる。

エ　前記アの申立てに係る事件は，仲裁法第5条第1項の規定にかかわらず，同項各号に掲げる裁判所及び請求の目的又は差し押さえることができる債務者の財産の所在地を管轄する地方裁判所の管轄に専属する。

オ　裁判所は，前記アの申立てに係る事件がその管轄に属する場合においても，相当と認め

　　るときは，申立てにより又は職権で，当該事件の全部又は一部を他の管轄裁判所に移送す
　　ることができる。

　カ　前記アの申立てに係る事件についての仲裁法第５条第３項又は前記オの規定による決
　　定に対しては，即時抗告をすることができる。

　キ　裁判所は，後記ク又はケの規定により前記アの申立てを却下する場合を除き，執行決定
　　をしなければならない。

　ク　裁判所は，前記アの申立てがあった場合において，前記(1)イ各号に掲げる事由のいずれ
　　かがあると認める場合（同イ①から⑧までに掲げる事由にあっては，被申立人が当該事由
　　の存在を証明した場合に限る。）に限り，当該申立てを却下することができる。

　ケ　前記(1)イ⑤に掲げる事由がある場合において，当該暫定措置又は保全措置から同⑤に規
　　定する事項に関する部分を区分することができるときは，当該部分及び当該暫定措置又は
　　保全措置のその他の部分をそれぞれ独立した暫定措置又は保全措置とみなして，前記クの
　　規定を適用する。

　コ　裁判所は，口頭弁論又は当事者双方が立ち会うことができる審尋の期日を経なければ，
　　前記アの申立てについての決定をすることができない。

　サ　前記アの申立てについての決定に対しては，即時抗告をすることができる。

第２　仲裁合意の書面性に関する規律

改正モデル法	中間試案の本文
Option I *Article 7. Definition and form of arbitration agreement* (2) The arbitration agreement shall be in writing. (3) An arbitration agreement is in writing if its content is recorded in any form, whether or not the arbitration agreement or contract has been concluded orally, by conduct, or by other means.	（仲裁法第１３条第２項） 　仲裁合意は，書面によってしなければならない。 （仲裁法第１３条第３項） 　仲裁合意は，その内容が何らかの方式で記録されているときは，仲裁合意が口頭，行為又はその他の方法により締結されたとしても，書面によってされたものとする。

（参考２）

シンガポール条約と中間試案の本文との対照表

1　調停の定義に関する規律

シンガポール条約	中間試案の本文
Article 2. Definitions 3. "Mediation" means a process, irrespective of the expression used or the basis upon which the process is carried out, whereby parties attempt to reach an amicable settlement of their dispute with the assistance of a third person or persons ("the mediator") lacking the authority to impose a solution upon the parties to the dispute.	【定義】 　この法律（注）において，「調停」とは，その手続の名称や実施の原因にかかわらず，当事者が，一定の法律関係（契約に基づくものであるかどうかを問わない。）に関する民事上の紛争（当事者が和解をすることができるものに限る。）について，当事者に対して紛争の解決を強制する権限を有しない一人又は二人以上の第三者（以下「調停人」という。）の仲介により，和解による解決を試みる手続をいう。 （注）調停による和解合意に執行力を付与することとする場合に，その根拠となる法律を指して「この法律」と記載しているものであり，法制について予断するものではない。

2　国際性等に関する規律

シンガポール条約	中間試案の本文
Article 1. Scope of application 1. This Convention applies to an agreement resulting from mediation and concluded in writing by parties to resolve a commercial dispute ("settlement agreement") which, at the time of its conclusion, is international in that: (a) At least two parties to the settlement agreement have their places of business in different States; or (b) The State in which the parties to the settlement agreement have their places of business is different from either: (i)　The State in which a substantial part of the obligations under the settlement	【適用範囲】 甲案 (1)　この法律は，民事上の紛争の解決を目的とする調停において成立し，書面によってされた当事者間の合意（以下「和解合意」という。）について適用するものとする。ただし，和解合意の成立の時において，次に掲げる事由のいずれかがあるときに限る。 ①　当事者の全部又は一部が互いに異なる国に住所，事務所又は営業所を有するとき。 ②　当事者の全部又は一部が住所，事務所又は営業所を有する国が，和解合意に基づく義務の重要な部分の履行地又は和解合意の対象である事項と最も密接な関係がある地と異なるとき。 ③　当事者の全部又は一部が日本国外に住所又

Left column (English):

agreement is performed; or

 (ii) The State with which the subject matter of the settlement agreement is most closely connected.

Article 2. Definitions

1. For the purposes of article 1, paragraph 1:

 (a) If a party has more than one place of business, the relevant place of business is that which has the closest relationship to the dispute resolved by the settlement agreement, having regard to the circumstances known to, or contemplated by, the parties at the time of the conclusion of the settlement agreement;

 (b) If a party does not have a place of business, reference is to be made to the party's habitual residence.

Right column (Japanese):

は主たる事務所若しくは営業所を有するとき（当事者の全部又は一部の発行済株式（議決権のあるものに限る。）又は出資の総数又は総額の百分の五十を超える数又は額の株式（議決権のあるものに限る。）又は持分を有する者その他これと同等のものとして別途定める者が日本国外に住所又は主たる事務所若しくは営業所を有するときを含む。）。

 ④　当該紛争に係る民事上の契約又は取引によって生ずる債権の成立及び効力について適用すべき法（当事者が合意により定めたものに限る。）が日本法以外の法であるとき。

⑵　前記⑴①及び②の適用において，当事者が二以上の事務所又は営業所を有するときの事務所又は営業所とは，和解合意の成立の時において，当事者によって知られていたか又は予期されていた事情に照らして，和解合意によって解決された紛争と最も密接な関係がある事務所又は営業所をいう。

乙１案

　この法律は，民事上の紛争の解決を目的とする調停において成立し，書面によってされた当事者間の合意（以下「和解合意」という。）について適用する。

乙２案

　甲案に，次の規律を加える。

⑶　この法律は，前記⑴の規定にかかわらず，認証紛争解決手続（裁判外紛争解決手続の利用の促進に関する法律（平成１６年法律第１５１号）第２条第３号に規定する認証紛争解決手続をいう。）により成立した和解合意について適用する。（注）

（注）乙２案は，国際性を有しない和解合意につき，対象となる和解合意の範囲に一定の制限を設ける規律を提案するものであり，その一例として，認証紛争解決手続により成立した和解合意を対象とす

	ることを記載しているが，その範囲について他の規律を設けることを排除するものではない。

3 商事性等に関する規律

シンガポール条約	中間試案の本文
Article 1. Scope of application 2. This Convention does not apply to settlement agreements: 　(a) Concluded to resolve a dispute arising from transactions engaged in by one of the parties (a consumer) for personal, family or household purposes; 　(b) Relating to family, inheritance or employment law.	【一定の紛争の適用除外】 　この法律は，次に掲げる紛争に関する調停により成立した和解合意については適用しない。（注1） 　①　消費者（消費者契約法（平成12年法律第61号）第2条第1項に規定する消費者をいう。）と事業者（同条第2項に規定する事業者をいう。）の間の契約に関する民事上の紛争（注2） 　②　個別労働関係紛争（個別労働関係紛争の解決の促進に関する法律（平成13年法律第112号）第1条に規定する個別労働関係紛争をいう。） 　③　人事に関する紛争その他家庭に関する紛争（注3） （注1）本文3は，前記本文2においていずれの案を採用したとしても，①ないし③に掲げた紛争に関する調停により成立した和解合意について，一律に適用除外とするものであるが，乙案を採用した場合には，①又は③に掲げた紛争について，国際性の有無により異なる規律を設けるとの考え方もある。 （注2）消費者紛争に関する和解合意につき，一定の範囲又は要件の下，執行力を付与する対象とすることについて，引き続き検討する。 （注3）家事紛争に関する和解合意につき，とりわけ扶養義務等の履行確保の観点から，一定の範囲又は要件の下，執行力を付与する対象とすることについて，引き続き検討する。

4 民事執行の合意に関する規律

シンガポール条約	中間試案の本文
Article 8. Reservations 1. A Party to the Convention may declare that: 　(b) It shall apply this Convention only to the extent that the parties to the settlement agreement have agreed to the application of the Convention.	【和解合意に基づく民事執行の合意】 　この法律は，和解合意の当事者が当該和解合意に基づいて民事執行をすることができる旨の合意をした場合に限り，当該和解合意について適用する。

5　判決及び仲裁判断との関係に関する規律

シンガポール条約	中間試案の本文
Article 1. Scope of application 3. This Convention does not apply to: 　(a) Settlement agreements: 　　(i)　That have been approved by a court or concluded in the course of proceedings before a court; and 　　(ii)　That are enforceable as a judgment in the State of that court; 　(b) Settlement agreements that have been recorded and are enforceable as an arbitral award.	【一定の和解合意の適用除外】 　この法律は，次に掲げる和解合意には適用しない。 　①　裁判所により認可され又は裁判所の手続において成立した和解合意であって，その裁判所の属する国でこれに基づいて強制執行をすることができるもの。 　②　仲裁判断としての効力を有する和解合意であって，これに基づいて強制執行をすることができるもの。

6　書面性等に関する規律

シンガポール条約	中間試案の本文
Article 2. Definitions 2. A settlement agreement is "in writing" if its content is recorded in any form. The requirement that a settlement agreement be in writing is met by an electronic communication if the information contained therein is accessible so as to be useable for subsequent reference. *Article 4. Requirements for reliance on settlement agreements* 2. The requirement that a settlement agreement shall be signed by the parties or, where applicable, the mediator is met in relation to an electronic communication if: 　(a) A method is used to identify the parties or the mediator and to indicate the parties' or mediator's intention in respect of the information contained in the electronic communication; and 　(b) The method used is either: 　　(i) As reliable as appropriate for the purpose for which the electronic communication was generated or	【書面によってされた和解合意】 ⑴　和解合意は，その内容が何らかの方式で記録されているときは，書面によってされたものとする。 ⑵　和解合意がその内容を記録した電磁的記録（電子的方式，磁気的方式その他人の知覚によっては認識することができない方式で作られる記録であって，電子計算機による情報処理の用に供されるものをいう。）によってされたときは，その和解合意は，書面によってされたものとする。 ⑶　電磁的記録については，当事者又は調停人の同一性を確認し，当該電磁的記録に含まれる情報に関する当事者又は調停人の意思を明らかにする方法が使用されており，かつ，その方法が，関連する合意を含むあらゆる事情に照らして，当該電磁的記録の作成又は伝達のために適切であると信頼することのできるものであるか又は上記の機能を事実上満たすと認められるときに，当該和解合意は当事者又は調停人によって署名されたものとする。

communicated, in the light of all the circumstances, including any relevant agreement; or (ii) Proven in fact to have fulfilled the functions described in subparagraph (a) above, by itself or together with further evidence.	

7 和解合意の執行に関する規律

シンガポール条約	中間試案の本文
Article 4. Requirements for reliance on settlement agreements 1. A party relying on a settlement agreement under this Convention shall supply to the competent authority of the Party to the Convention where relief is sought: (a) The settlement agreement signed by the parties; (b) Evidence that the settlement agreement resulted from mediation, such as: (i) The mediator's signature on the settlement agreement; (ii) A document signed by the mediator indicating that the mediation was carried out; (iii) An attestation by the institution that administered the mediation; or (iv) In the absence of (i), (ii) or (iii), any other evidence acceptable to the competent authority. 3. If the settlement agreement is not in an official language of the Party to the Convention where relief is sought, the competent authority may request a translation thereof into such language. *Article 6. Parallel applications or claims* If an application or a claim relating to a settlement agreement has been made to a	【和解合意の執行決定】 ⑴ 和解合意に基づいて民事執行をしようとする当事者は，債務者を被申立人として，裁判所に対し，執行決定（和解合意に基づく民事執行を許す旨の決定をいう。）を求める申立てをすることができる。 ⑵ 前記⑴の申立てをするときは，当事者全員により署名された和解合意，当該和解合意が調停により成立したものであることを証明するもの（当該和解合意における調停人の署名，調停人が署名した証明書，調停を実施した機関による証明書その他裁判所が相当と認めるものをいう。）及び和解合意（日本語で作成されたものを除く。）の日本語による翻訳文を提出しなければならない。（注1） ⑶ 前記⑴の申立てを受けた裁判所，当該和解合意に関する他の申立てが他の裁判所，仲裁廷又は

court, an arbitral tribunal or any other competent authority which may affect the relief being sought under article 4, the competent authority of the Party to the Convention where such relief is sought may, if it considers it proper, adjourn the decision and may also, on the request of a party, order the other party to give suitable security.

（参考）

Article 3. General principles

1. Each Party to the Convention shall enforce a settlement agreement in accordance with its rules of procedure and under the conditions laid down in this Convention.

Article 4. Requirements for reliance on settlement agreements

4. The competent authority may require any necessary document in order to verify that the requirements of the Convention have been complied with.

5. When considering the request for relief, the competent authority shall act expeditiously.

その他の権限ある機関に対してもされており，それが前記⑴の申立てに影響を及ぼし得る場合において，必要があると認めるときは，前記⑴の申立てに係る手続を中止することができる。この場合において，裁判所は，前記⑴の申立てをした者の申立てにより，他の当事者に対し，担保を立てるべきことを命ずることができる。

⑷　前記⑴の申立てに係る事件は，次に掲げる裁判所の管轄に専属する。（注２）
　①　当事者が合意により定めた地方裁判所
　②　当該事件の被申立人の普通裁判籍の所在地を管轄する地方裁判所
　③　請求の目的又は差し押さえることができる債務者の財産の所在地を管轄する地方裁判所

⑸　前記⑷の規定により二以上の裁判所が管轄権を有するときは，先に申立てがあった裁判所が管轄する。

⑹　裁判所は，前記⑴の申立てに係る事件の全部又は一部がその管轄に属しないと認めるときは，申立てにより又は職権で，これを管轄裁判所に移送しなければならない。

⑺　裁判所は，前記⑴の申立てに係る事件がその管轄に属する場合においても，相当と認めるときは，申立てにより又は職権で，当該事件の全部又は一部を他の管轄裁判所に移送することができる。

⑻　前記⑴の申立てに係る事件についての前記⑹又は⑺の規定による決定に対しては，即時抗告をすることができる。

⑼　裁判所は，後記８の規定により前記⑴の申立てを却下する場合を除き，執行決定をしなければならない。

⑽　裁判所は，口頭弁論又は当事者双方が立ち会うことができる審尋の期日を経なければ，前記⑴の申立てについての決定をすることができない。

⑾　前記⑴の申立てについての決定に対しては，即時抗告をすることができる。

（注１）一定の要件の下，訳文添付の省略を認める規律を設けるとの考え方もある。

	（注２）「国際性」を有する和解合意に基づく執行決定の申立てについて，特別な管轄規律を設けるとの考え方もある。

8　執行拒否事由に関する規律

シンガポール条約	中間試案の本文
Article 5. Grounds for refusing to grant relief 1. The competent authority of the Party to the Convention where relief is sought under article 4 may refuse to grant relief at the request of the party against whom the relief is sought only if that party furnishes to the competent authority proof that: 　(a) A party to the settlement agreement was under some incapacity; 　(b) The settlement agreement sought to be relied upon: 　　(i) Is null and void, inoperative or incapable of being performed under the law to which the parties have validly subjected it or, failing any indication thereon, under the law deemed applicable by the competent authority of the Party to the Convention where relief is sought under article 4; 　　(ii) Is not binding, or is not final, according to its terms; or 　　(iii) Has been subsequently modified; 　(c) The obligations in the settlement agreement: 　　(i) Have been performed; or 　　(ii) Are not clear or comprehensible; 　(d) Granting relief would be contrary to the terms of the settlement agreement; 　(e) There was a serious breach by the mediator of standards applicable to the mediator or the mediation without which	【和解合意の執行拒否事由】 　裁判所は，前記7(1)の申立てがあった場合において，次に掲げる事由のいずれかがある場合（①から⑨までに掲げる事由にあっては，被申立人が当該事由の存在を証明した場合に限る。）に限り，当該申立てを却下することができる。 ①　和解合意が，当事者の行為能力の制限により，その効力を有しないこと。 ②　和解合意が，当事者が合意により和解合意に適用すべきものとして有効に指定した法令（当該指定がないときは，裁判所が和解合意について適用すべきものと判断する法令）によれば，当事者の行為能力の制限以外の事由により，無効であるか，失効しているか，又は履行不能であること。 ③　和解合意が，それ自体の文言によれば，拘束力がないか，又は終局性がないこと。 ④　和解合意が，事後的に変更されたこと。 ⑤　和解合意に基づく義務が履行されたこと。 ⑥　和解合意に基づく義務が明確でないか，又は理解することができないこと。 ⑦　和解合意に基づく民事執行が当該和解合意の文言に反すること。 ⑧　調停人に，調停人又は調停に適用される規範に対する重大な違反があり，当該違反がなければ当事者が当該和解合意をするに至らなかっ

breach that party would not have entered into the settlement agreement; or	たこと。
(f) There was a failure by the mediator to disclose to the parties circumstances that raise justifiable doubts as to the mediator's impartiality or independence and such failure to disclose had a material impact or undue influence on a party without which failure that party would not have entered into the settlement agreement.	⑨　調停人が，調停人の公正性又は独立性に疑いを生じさせるおそれのある事実を当事者に開示せず，当該不開示による重大又は不当な影響がなければ当事者が当該和解合意をするに至らなかったこと。
2. The competent authority of the Party to the Convention where relief is sought under article 4 may also refuse to grant relief if it finds that:	
(a) Granting relief would be contrary to the public policy of that Party; or	⑩　和解合意に基づく民事執行が，日本における公の秩序又は善良の風俗に反すること。
(b) The subject matter of the dispute is not capable of settlement by mediation under the law of that Party.	⑪　和解合意の対象である事項が，日本の法令によれば，和解合意の対象とすることができない紛争に関するものであること。

9　和解合意の援用に関する規律

シンガポール条約	中間試案の本文
Article 3. General principles 2. If a dispute arises concerning a matter that a party claims was already resolved by a settlement agreement, a Party to the Convention shall allow the party to invoke the settlement agreement in accordance with its rules of procedure and under the conditions laid down in this Convention, in order to prove that the matter has already been resolved.	【和解合意の援用】 特に規律を設けないものとする。

別冊 NBL No.176

仲裁法等の改正に関する中間試案

2021年4月30日　初版第1刷発行

編　者　商　事　法　務

発行者　石　川　雅　規

発行所　㍿商　事　法　務

〒103-0025　東京都中央区日本橋茅場町3-9-10
TEL 03-5614-5651・FAX 03-3664-8844〔営業〕
TEL 03-5614-5647〔編集〕
https://www.shojihomu.co.jp/